EXPEDITION NATUR

Entdecken, forschen & verstehen

BÄRBEL OFTRING

DAS MIKROSKOP

DER GROßE EINSTIEG IN DIE WELT DER ZELLEN

MIT EXPERIMENTEN, IDEEN & UMWELT-TIPPS

moses.

DAS BIN ICH!

Ich heiße: ....

Ich wohne: ....

Ich habe Geburtstag am: ....

Meine Haarfarbe: ....

Meine Augenfarbe: ....

Mein Lieblingstier: ....

Ich mag auch diese Tiere: ....

Meine Lieblingspflanze: ....

Ich mag auch diese Pflanzen: ....

Wenn ich groß bin, wäre ich gern ....

....

Das würde ich am liebsten erforschen: ....

....

....

MEIN FINGERABDRUCK:

Jeder Mensch hat einen ganz eigenen Fingerabdruck. Kein anderer Mensch auf der Welt hat den gleichen. So geht's: Zuerst drückst du sanft die Unterseite deiner Zeigefingerkuppe auf ein Stempelkissen. Dann drückst du deinen Finger auf die Fläche hier.

Hast du kein Stempelkissen, kannst du auch mit einem weichen Bleistift (2B) auf ein Blatt Papier ein Feld malen, das etwas größer als deine Fingerkuppe ist – das nutzt du dann wie ein Stempelkissen.

INHALT

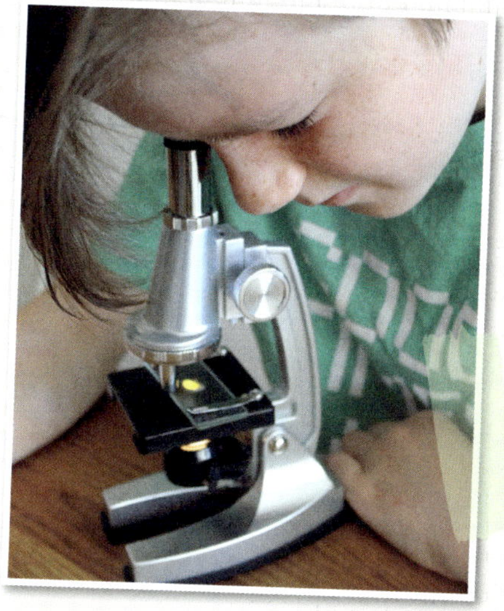

DIE WELT IM KLEINEN ENTDECKEN

Die Augen sind unsere wichtigsten Sinnesorgane. Für uns Menschen ist das Wahrnehmen der Umgebung mit den Augen, also das Sehen, so viel wichtiger als hören und riechen, schmecken und tasten. Wir sind eben Augen„tiere“. Wir können Dinge ganz nah und auch in weiter Ferne erkennen, wir können räumlich und hell oder dunkel sehen und viele Farben unterscheiden. Doch unser Sehen hat auch Grenzen: Die meisten Menschen können zwei Punkte, die 0,3 mm voneinander entfernt sind, gerade noch bei einem Abstand von ca. 25 cm erkennen. Manche können noch besser sehen – sie nehmen zwei Punkte mit einem Abstand von 0,15 mm als solche wahr. Und du? Probiere es mal aus!

•• ← Abstand 0,3 mm

•• ← Abstand 0,15 mm

LUPEN

Kleine und sehr kleine Dinge können wir Menschen nicht mehr sehen. Doch es gibt optische Geräte mit Linsen, die diese kleinen Dinge vergrößern. Das einfachste Gerät ist eine Handlupe, die du auch mit LED-Licht erhalten kannst. Dann gibt es die praktische Becherlupe. Diese Lupen vergrößern alles um etwa das 4- bis 10-Fache. Schau dir die beiden Punkte auf der linken Seite mit der Lupe an – jetzt erkennst du die Abstände gut!

Handlupe mit Licht

vergrößert 4-fach

Becherlupe

vergrößert 2-fach und 4-fach

Aufsatzlupe

vergrößert 10-fach

TIPP

Schau dir die Dinge, die du mit dem Mikroskop anschauen möchtest, zunächst mit der Lupe an. Denn ein Mikroskop vergrößert so stark, dass du dich nicht so leicht orientieren kannst. Durch die geringere Vergrößerung der Lupe kannst du dir das Beobachtete besser vorstellen, bevor du es stark vergrößert unterm Mikroskop betrachtest.

DAS MIKROSKOP

Viel stärker als eine Lupe vergrößert das Mikroskop. Das praktische Hand-Mikroskop vergrößert alles 20- oder 40-fach, das stabile große Mikroskop sogar bis zu 900-fach.

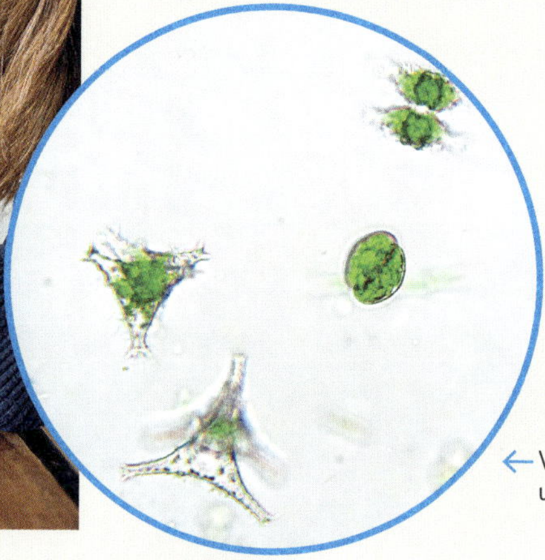

← Verschiedene Grünalgen unter dem Mikroskop

DAS HAND-MIKROSKOP

Das Hand-Mikroskop ist klein und handlich. Du kannst es mit nach draußen nehmen. Mit diesem kleinen Mikroskop kannst du Objekte und Präparate auf Objektträgern 20-fach oder 40-fach vergrößert betrachten. Dazu stellst du das Hand-Mikroskop auf seinen Halter und schiebst den Objektträger in die Führung. Du kannst es aber auch wie eine sehr starke Lupe verwenden: Dazu entfernst du einfach den Halter für Objektträger. Mit dem Licht beleuchtest du die Dinge beim Vergrößern – und weil dieses Mikroskop so klein ist, passt es in die Jackentasche.

← Ohne Halter kannst du das Hand-Mikroskop überall aufsetzen.

TIPP

Schiebe den Objektträger, wegen dem darauf liegenden Deckgläschen, stets von vorne in die Führung ein.

SO KLEIN SIND MANCHE LEBEWESEN

Diese Lebewesen kannst du nicht mit bloßem Auge, aber unter dem Mikroskop sehen. Zum Vergleich: Ein Stecknadelkopf ist 0,5 mm = 500 µm (Mikrometer) groß.

Breite einer Stecknadel, ca. 0,5 mm
(Hälfte eines Kästchens des mm-Papiers von S. 21)

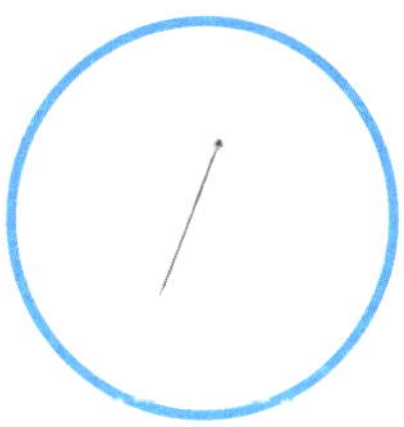

1 Bakterien kleiner als 1 µm lang
2 kleine Grünalgen 10 µm lang
3 kleine Wimpertierchen 35 µm lang
4 kleine Amöben 35 µm lang
5 Saugtierchen 100 µm lang
6 mittelgroßes Wimpertierchen 150 µm lang
7 Glockentierchen 250 µm lang
8 große Wimpertierchen wie das Pantoffeltierchen 250 µm lang
9 große Amöben 500 µm lang

SO FUNKTIONIERT EIN MIKROSKOP

Stärker als eine Lupe vergrößert das Mikroskop alle Dinge. Denn ein Mikroskop besteht nicht nur aus einer Linse, sondern aus zwei Linsen: dem Okular und dem Objektiv. Das große Stand-Mikroskop ist viel leistungsstärker, doch es eignet sich nur für Beobachtungen an einem Tisch.

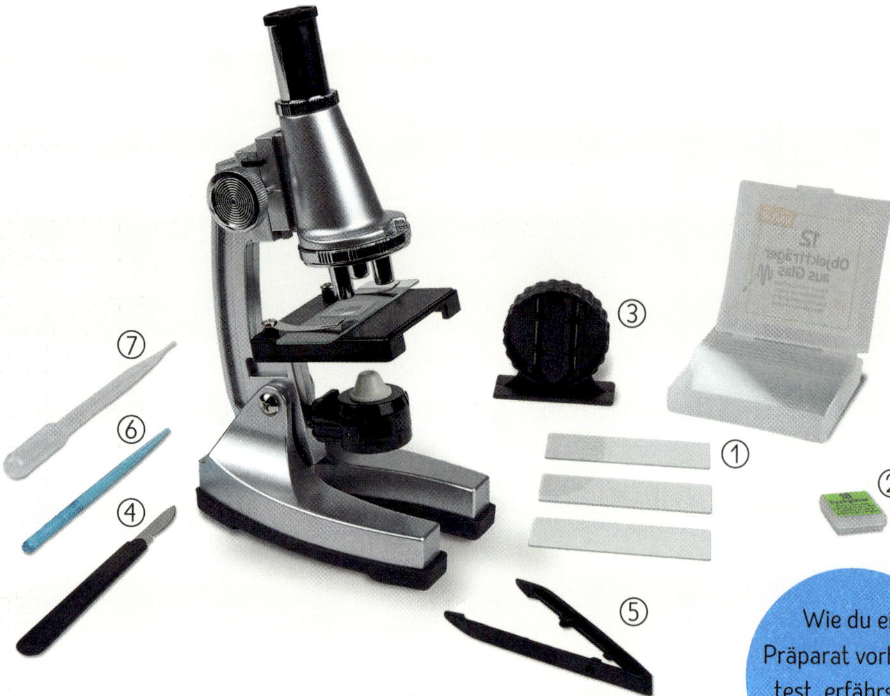

Wie du ein Präparat vorbereitest, erfährst du auf S. 36/37.

DAS BRAUCHST DU ZUM MIKROSKOPIEREN:

- Objektträger, auf die du das Präparat legst ①
- Deckgläser, mit denen du dein Präparat abdeckst ②
- Schneidehilfe ③
- Skalpell ④
- Pinzette ⑤
- Präpariernadel ⑥
- Pipette ⑦
- ein bisschen Wasser
- Küchenpapier, Papiertaschentuch oder Löschpapier

Für Fortgeschrittene:

- Färbemittel zum Färben von Stärke, Holz, Zellwänden
- Einschlussmittel Glyzeringelatine oder Harz zum Haltbarmachen der Präparate

(alle diese Mittel gibt es in der Apotheke)

DAS MIKROSKOP

Dank verschiedener Okulare und Objektive kannst du mehrere Vergrößerungen wählen. Mit schwacher Vergrößerung betrachtest du einen großen Ausschnitt deines Präparats auf dem Objektträger und wählst den Ausschnitt aus, den du mit den stärkeren genauer erkundest.

Der Grob- und Feintrieb bewegt den Objekttisch nach oben und unten, um den Abstand zwischen Objektiv und Objektträger zu verändern.

So vergrößert das Mikroskop: G ist der Gegenstand, den du durchs Mikroskop betrachtest. Sein Bild fällt durch die beiden Linsen (Objektiv und Okular) und wird dabei zweimal stark vergrößert, sodass das vergrößerte Bild des Gegenstands entsteht. Durch den Strahlengang im Mikroskop steht dieses auf dem Kopf!

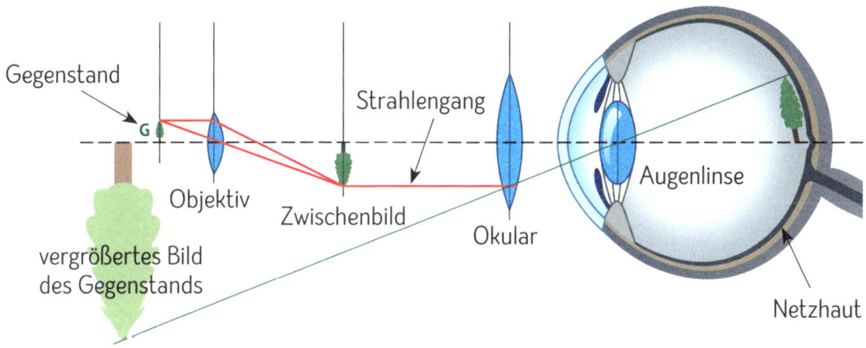

WIE STARK IST DIE VERGRÖSSERUNG?

Das kannst du ganz einfach ausrechnen. Für den Anfang genügt es, wenn dein Mikroskop über Okulare mit 5- und 10-facher Vergrößerung sowie Objektive mit 5-, 10- und 30-facher Vergrößerung verfügt. Auf Okular und Objektiv zeigen dir die darauf stehenden Zahlen die jeweilige Vergrößerung – also 5x = 5-fach, 10x = 10-fach, usw.

Um die Vergrößerung auszurechnen, musst du nur die Vergrößerung des Okulars mit der des Objektivs multiplizieren. Ein Beispiel:
Du verwendest das Okular 5x und das Objektiv 10x – das ergibt eine Gesamtvergrößerung von 5 x 10 = 50-fach.

SO GEHST DU MIT EINEM MIKROSKOP UM

Das Mikroskop ist ein optisches Feingerät. Wenn du sorgsam mit ihm umgehst, hast du lange Freude daran. Achte vor allem darauf, dass die Linsen in Okular und Objektiv nicht verkratzen.

MIKROSKOP PFLEGEN UND SCHÜTZEN

Das Okular belässt du stets im Tubus, dem offenen Rohr, in dem das Okular steckt. So kann kein Staub ins Innere deines Mikroskops gelangen. Regelmäßig reinigst du die Linsen von Okular und Objektiven mit einem weichen Brillenputztuch. Auch den Objekttisch wischst du immer wieder mit einem weichen Tuch ab.

Brauchst du dein Mikroskop gerade nicht, so bedecke es mit einem großen Tuch, einer passenden Hülle oder großen Papiertüte. Dein Hand-Mikroskop bewahrst du am besten in der Verpackung oder in einer passenden kleinen Tasche auf.

PRÄPARAT VORBEREITEN

Während du mit dem Hand-Mikroskop ohne Halter alle Dinge direkt anschauen und erforschen kannst (Anregungen zum Forschen findest du ab Seite 16 ff.), kannst du diese Dinge nicht einfach auf den Objekttisch deines Mikroskops legen. Um sie vergrößert betrachten zu können, musst du sie erst für die Beobachtung vorbereiten. Dazu musst du ein Präparat herstellen, auf den Objektträger legen und mit einem Deckgläschen abdecken. Wie das geht, erfährst du auf Seite 36/37. Und wie du ein Präparat unter dem Mikroskop anschaust, steht auf Seite 38.

! WICHTIG

Das Mikroskop ist ein optisches Gerät, kein Spielzeug. Ebenso achtsam wie mit diesem gehst du auch mit den Materialien um, die du zum Mikroskopieren brauchst. Skalpell und Rasierklinge sind superscharf, benutze sie vorsichtig und achte darauf, dass du weder dich noch andere damit verletzt. Auch die Chemikalien zum Färben oder Einschließen benutzt du genau so, wie es auf den entsprechenden Packungsanleitungen angegeben ist.

BETRACHTEN UND ZEICHNEN

Wenn du intensiver betrachten möchtest, dann zeichnest du das, was du siehst – so machen es auch die Forschenden. Durch das Zeichnen musst du viel genauer hinschauen und auf kleinste Details achten. Dabei verstehst du besser, was du siehst – und außerdem dokumentierst du gleichzeitig deine Beobachtungen. Es gibt in diesem Buch auf jeder Forschungsseite einen Kreis mit mm-Papier. Hier ist Platz für deine Zeichnungen.

DAS BRAUCHST DU ZUM ZEICHNEN:

- einen feinen angespitzten Bleistift, der nicht schmiert
- einen weichen Radiergummi, der nicht schmiert
- weißes, glattes Papier oder das mm-Papier in diesem Buch
- Mache die Zeichnung nicht zu klein, sonst kannst du viele Details nicht zeichnen.

! WICHTIG

Es kommt nicht auf eine schöne Zeichnung an – wichtiger ist, dass du alles so zeichnest, wie du es siehst und zwar so genau und naturgetreu wie möglich.

GRÖSSENVERHÄLTNISSE BEACHTEN

Durch manches Okular deines Mikroskops erkennst du eine Gitterstruktur. Diese Gitterstruktur hilft dir dabei, das Beobachtete in den richtigen Größenverhältnissen zu zeichnen. Du kannst dazu diese Gitterstruktur auf das Papier zeichnen und dann von Gitterkästchen zu Gitterkästchen das im Mikroskop Gesehene übertragen.

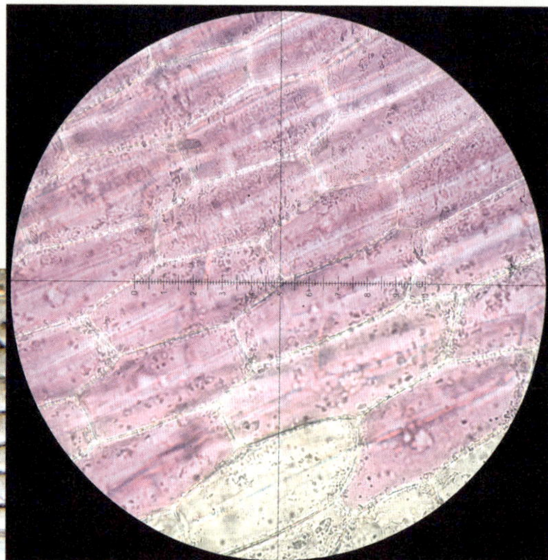

↑ Zwiebelhaut unter dem Mikroskop

ZEICHNEN – SCHRITT FÜR SCHRITT

Beginne mit einem einfachen Präparat, zum Beispiel einem dünnen Zwiebelhäutchen. Stelle dazu ein Präparat her wie auf S. 36/37 beschrieben und schaue es dir unter dem Mikroskop an.

1. Wähle einen schönen Ausschnitt, den du zeichnen möchtest.
2. Schaue mit einem Auge durch das Okular, mit dem anderen auf das Papier.
3. Zeichne zunächst nur grob die Umrisse der Zellen.

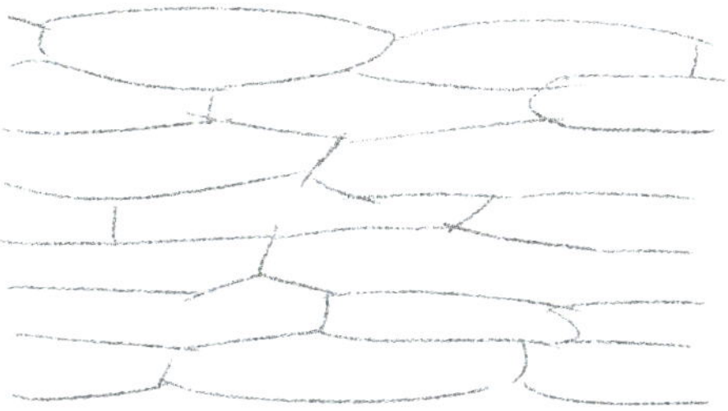

4. Dann schaust du noch genauer hin und zeichnest die Zellwände so, wie du sie siehst.

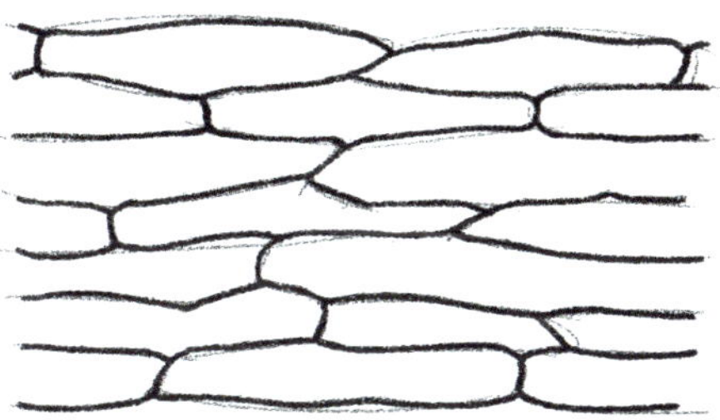

5. Ergänze die Zellkerne und feine Strukturen im Zellinnern.

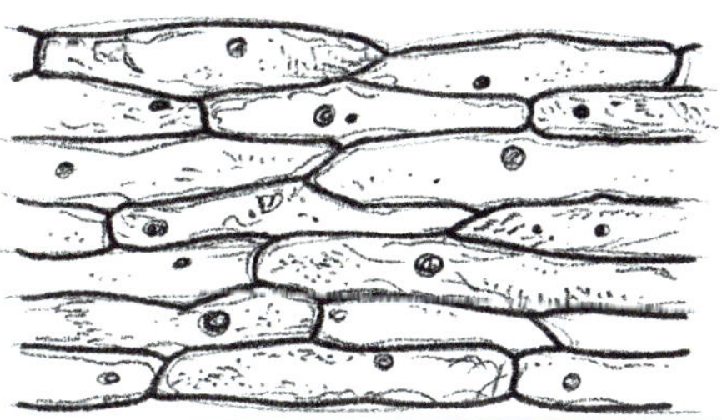

6. Wenn du deine Zeichnung korrigieren willst, nutze den Radiergummi.
7. Bist zu zufrieden, vergleichst du das Bild im Mikroskop mit deiner Zeichnung – sind beide identisch? Sonst ergänze Fehlendes.
8. Beschrifte deine Zeichnung: Was es ist, wann und mit welcher Vergrößerung du es gezeichnet hast. Beschrifte auch in der Zeichnung selbst – kleine Pfeile zeigen auf Zellwand und Zellkern.

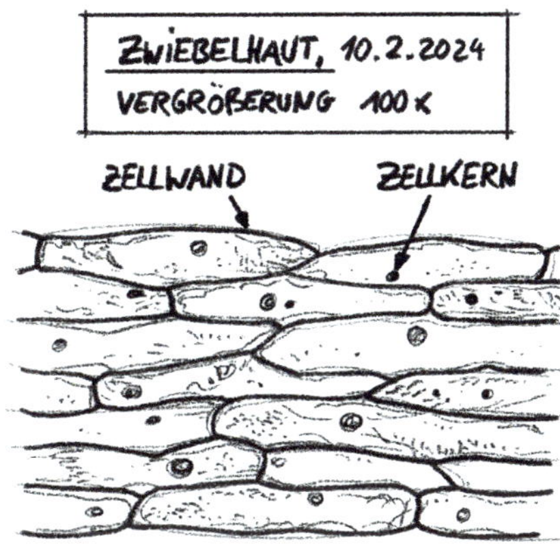

9. Wenn dein Präparat, wie bei Algen, farbig ist, kannst du deine Zeichnung auch kolorieren.

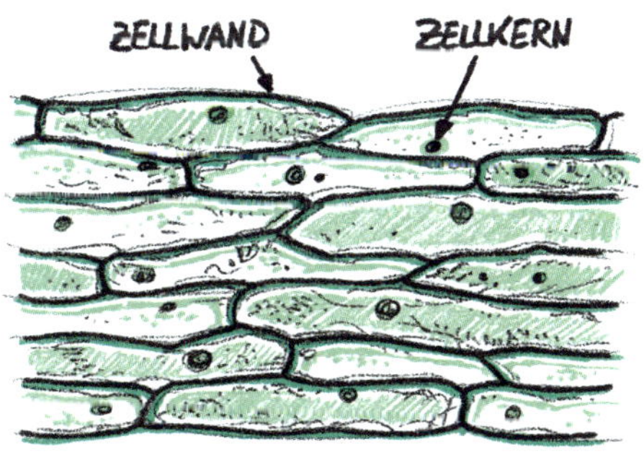

MIKRO- UND MAKROFOTOS MACHEN

Die meisten Smartphones besitzen heutzutage eine richtig gute Kamera. Du kannst sie für Detailaufnahmen sehr gut nutzen.

Um Einzelheiten wie etwa eine Blüte oder einen Käfer ganz nah aufzunehmen, kannst du mit der Linse deiner Kamera so nah an den Gegenstand herangehen, wie er noch scharf ist. Bevor du nun ein Foto machst, kannst du über den Zoom den Ausschnitt vergrößern und von diesem vergrößerten Ausschnitt ein Foto machen.

Für das Smartphone gibt es auch kleine, preiswerte Vorsatzlinsen, die du auf die Kameralinse setzt. Diese Vorsatzlinsen sind wie starke Lupen, sie vergrößern jeden Gegenstand so wie dein Hand-Mikroskop ohne Halter – allerdings meist nur einen sehr kleinen Bereich des Gegenstands. Spiel ein bisschen herum, wie nah du an den Gegenstand gehen kannst. Konzentriere dich dabei auf den Bereich, den du abbilden willst. Ausreichend Licht ist wichtig, und achte darauf, dass kein Schatten auf den Gegenstand fällt.

MIT STATIV FOTOGRAFIEREN

Weil die Auflösung der Kamera ihre Grenzen hat, wird das Foto ab einer Vergrößerung von 30-fach (Linse 30x) unscharf. Und: Je stärker die Vergrößerung, umso mehr stört das unruhige Wackeln deiner Hand – besser geht es dann mit einem kleinen Smartphone-Stativ.

MIKROSKOPISCHES FOTOGRAFIEREN

Mit deinem Smartphone kannst du auch Fotos von den Präparaten auf den Objektträgern machen, die du mit dem Mikroskop anschaust. Dazu wählst du zuerst den richtigen Ausschnitt, stellst ihn mit dem Mikroskop scharf und sorgst für eine helle Beleuchtung. Dann hältst du die Linse deiner Kamera genau über der Okularlinse des Hand- oder großen Mikroskops und machst ein Foto.

Du musst ein bisschen probieren, bis du den besten Abstand zwischen Okular und Kameraöffnung findest. Wichtig für scharfe Fotos, aber nicht so ganz einfach: Fixiere dein Smartphone in einem Halter oder Smartphone-Stativ.

BEOBACHTUNGEN MIT LUPE UND HAND-MIKROSKOP

Ohne Halter ist dein Hand-Mikroskop eine sehr starke Lupe, die 20- bis 40-fach die Dinge vergrößert. Eine Aufsatzlupe kann schon bis zu 10-fach vergrößern. Du kannst diese Lupen jederzeit einsetzen und dabei alle die Dinge, die dich umgeben, vergrößert anschauen. So entdeckst du viele Einzelheiten, die deinen bloßen Augen verborgen bleiben. Weil das Hand-Mikroskop und die Aufsatzlupe so klein und leicht sind, kannst du sie immer und überall hin mitnehmen.

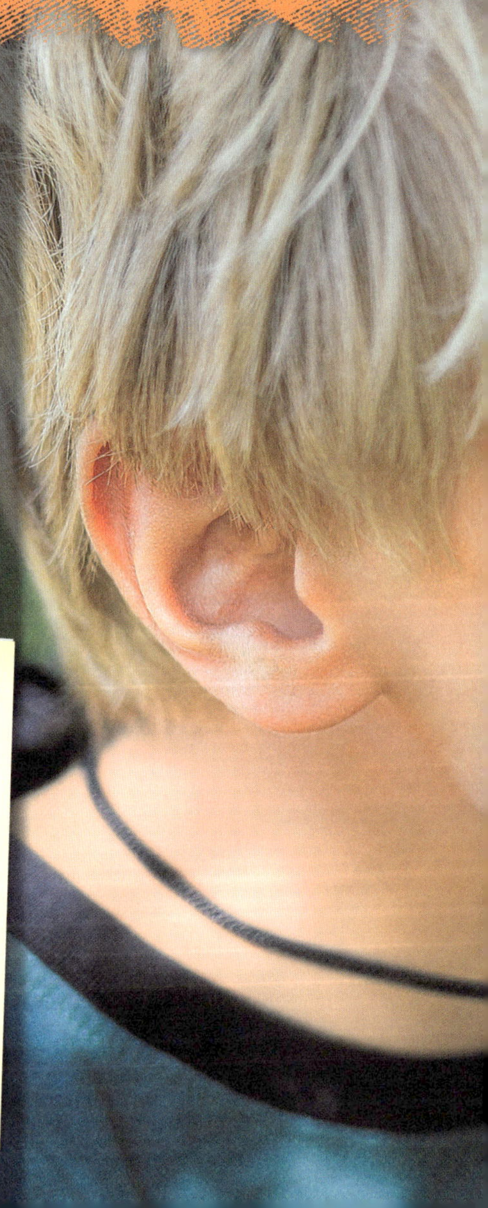

TIPP

Um Dinge vergrößert zu sehen, setzt du das Hand-Mikroskop einfach mit dem unteren Rand direkt auf – dann ist der Abstand zwischen der Linse und dem Gegenstand, den du angucken willst, optimal. Mit dem Drehrad kannst du die Vergrößerung verändern. Am besten stellst du sie zu Beginn immer auf die kleinste Vergrößerung von 20x (also 20-fache Vergrößerung) ein. Wenn du den Gegenstand dann noch stärker vergrößert sehen willst, drehe das Rad in Richtung 40x. Mit dem unteren Rad kannst du das Bild scharf stellen – drehe es langsam so lange, bis du das Objekt scharf und deutlich siehst. Um es besser zu beleuchten, schalte das LED-Licht an.

! ACHTUNG

Das Hand-Mikroskop ist nicht für Beobachtungen im Wasser gedacht. Das Batteriefach und auch die Optik sind nicht wasserdicht.

IN DER KÜCHE

Die Küche ist ein wunderbarer Ort, an dem du viele Dinge erkunden kannst – verschiedene Lebensmittel gehören ebenso dazu wie alles, was wie Krümel vom Tisch, Orangen- und Bananenschalen oder Gemüseabfälle in den Mülleimer und Biomüll wandert.

KÄSE, BROT, REIS, NUDELN

Erkunde die Oberfläche dieser Lebensmittel: Wie sieht Hartkäse aus, wie die weiße Rinde von Camembert? Wie unterscheidet sich helles Brot von einem dunklen Vollkornbrot – erkennst du einzelne Körner und welche es sind? Untersuche ungeschälten Naturreis und geschälten Instantreis – entdeckst du die Reisschale? Wie verändert sich ein Reiskorn, wenn es gekocht ist? Vergleiche auch rohe und gekochte Nudeln!

ZUCKERWÜRFEL

Ein Würfelzucker besteht aus vielen kleinen Zuckerkristallen. Erkennst du sie? Wenn du ein Teil des Würfelzuckers mit seinen einzelnen Kristallen zeichnest, erkennst du genau, wie er aufgebaut ist. Für ein kleines Experiment gib einen Tropfen Wasser auf den Würfelzucker. Was beobachtest du?

Schau dir mit dem Hand-Mikroskop andere Formen von Zucker an: grober Rohzucker, Zuckerkristalle am Stiel für den Tee, brauner Rohrzucker, kristalliner weißer Zucker oder pulvriger Vollrohrzucker.

OBST, GEMÜSE, KAFFEE

Äpfel, Birnen, Pfirsiche und Zitronen, Tomaten, Karotten, Zwiebeln, Maiskolben und all die anderen Früchte und Gemüse sind sehr gute Untersuchungsobjekte. Betrachte ihre Schale und Haut. Schneide die Früchte durch und untersuche das Innere – das Fruchtfleisch, die Kerne. Erkennst du bei den Früchten, wo einst die Blüte saß? Zeichne, was du siehst.

Kaffeebohnen sind Samen der Kaffeepflanze: Ihre dunkelbraune Farbe erhalten sie beim Rösten. Vielleicht kannst du dir in einer Kaffeerösterei grüne, ungeröstete Kaffeebohnen besorgen. Nimm zwei Kaffeebohnen und lege sie mit der flachen Seite aneinander. Nun bilden die Samen fast eine Kugel. So haben die Samen einst in der Frucht beisammen gelegen.

OBJEKTE ZUM ERKUNDEN:

- Oliven
- Kekse und Schokolade
- Schale vom gekochten Hühnerei
- Salz, Gewürze
- Mandeln, Hasel-, Erd- und Walnüsse und Pistazien, jeweils mit und ohne Schale

ALLTAGSDINGE ERKUNDEN

Nicht nur in der Küche kannst du erkunden: Mit dem Hand-Mikroskop vorm Auge entdeckst du erstaunliche Details auf vielen Alltagsgegenständen.

↑ Mit so einer Lupe kann man schauen, ob es Unregelmäßigkeiten im Druck gibt oder Details im Foto stören.

PROSPEKTE, ZEITSCHRIFTEN, BÜCHER

Betrachte mit dem Hand-Mikroskop verschiedene gedruckte Bilder: Durch die Vergrößerung erkennst du, dass die Bilder gerastert sind. Vergleiche Bilder in Büchern oder in Tageszeitungen. Gibt es einen Unterschied? Die Raster bestehen aus unzähligen Rastergruppen von jeweils vier Punkten. Jeder dieser vier Rasterpunkte hat eine andere Farbe: Schwarz (Black genannt) – Rot (Magenta genannt) – Blau (Cyan genannt) – Gelb (Yellow genannt). Aus diesen vier Farben setzen sich alle Farben der gedruckten Bilder zusammen. Schau dir nun verschiedene Farben eines Bildes an: Wie sieht das Raster bei einer blauen Farbe, bei einer gelben, bei einer orangen, grünen oder lila Farbe aus? Male sie auf. Vielleicht magst du ein buntes Bild malen und die Farben nur mithilfe dieser vier Druckfarben Schwarz, Rot, Blau und Gelb erzeugen?

SPIELZEUG

Nun kommen Spielsachen unter die vergrößernden Linsen: kleine Spielfiguren, Tierchen aus Plastik und Holz, Perlen, Ringe, Buntstifte, ein Radiergummi – schau dir eine ausradierte Zeichnung an. Hast du auch gründlich radiert? Prüfe es mit dem Hand-Mikroskop.

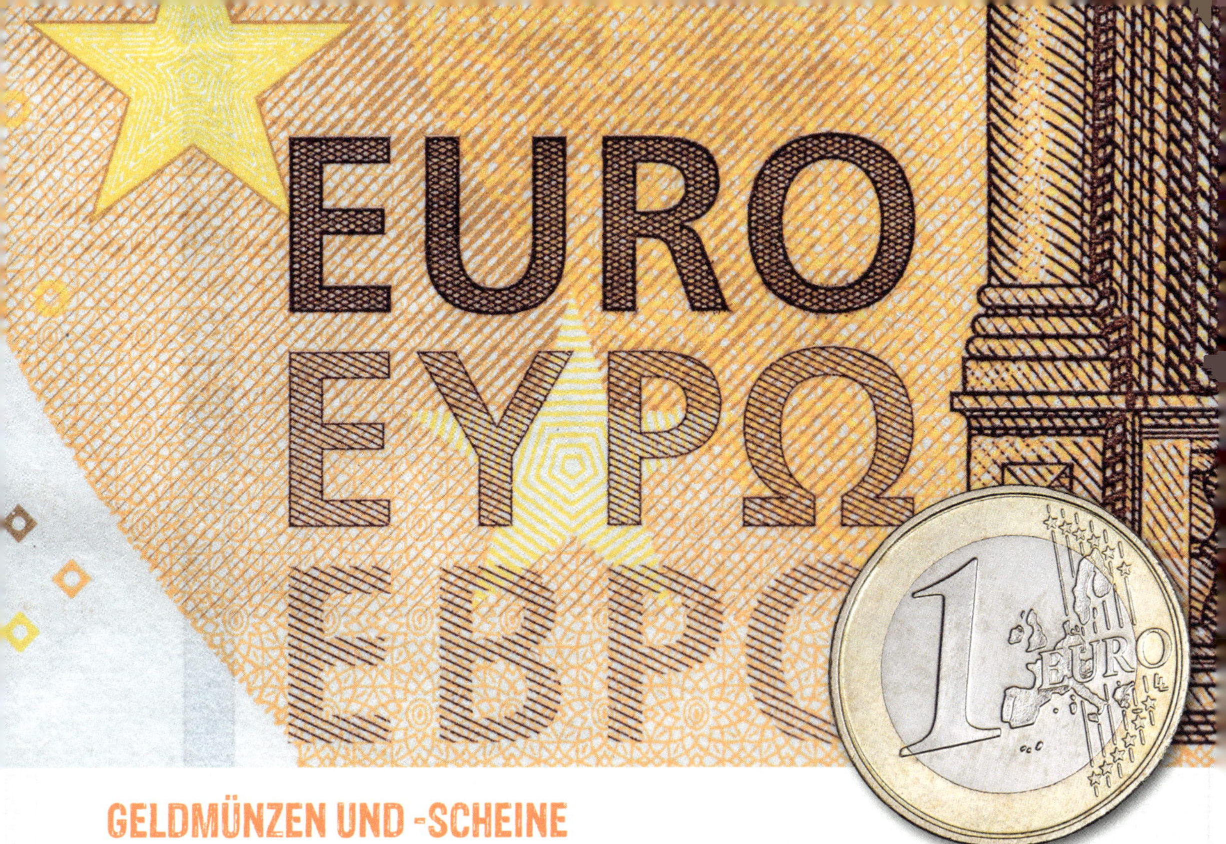

GELDMÜNZEN UND -SCHEINE

Was steht alles auf den Geldmünzen, den verschiedenen Cent-Stücken und Euro-Münzen, was steht auf den Geldscheinen? Mithilfe deines Hand-Mikroskops erkennst du die Details und kannst die winzigen, darauf geprägten und gedruckten Texte lesen – auch auf dem Rand der Münzen.

OBJEKTE ZUM ERKUNDEN:

- Buntstifte und Filzstifte
- Bastelpapier
- Knete
- selbst gemalte Bilder
- Briefmarken
- Rillen auf einer CD-Scheibe

HAARIG, FASERIG, STAUBIG – ALLES VERGRÖSSERT

Haare von dir, einem Hund oder Hamster, einer Katze oder Meerschweinchen sind tolle Beobachtungsobjekte, ebenso die Baumwoll-, Schafwoll-, Leinen- oder Kunstfasern von Pullovern und Jacken. Auch die Staubflusen am Boden zeigen vergrößert betrachtet Spannendes.

HAARE

Wie bei den Säugetieren ist auch unsere Haut mit Haaren bedeckt. Schau dir mit dem Hand-Mikroskop verschiedene Haare an: Die Haare auf deinem Arm oder Bein kannst du dir direkt anschauen. Um die Haare auf deinem Kopf, deiner Wimpern und Augenbrauen vergrößert zu erforschen, musst du dir vorsichtig eines ausreißen oder aus der Bürste ziehen. Vergleiche ein Haar von dir mit einem deiner Eltern, deiner Geschwister und Freundinnen und Freunde, vergleiche Haare mit unterschiedlichen Farben: Blonde Haare sind dicker als braune. Dann sind die Haare verschiedener Tiere dran – erstaunlich, wie unterschiedlich sie aussehen.

HAAR-PRÄPARATE UND FASERN

Du kannst die Haare auch in einem Tropfen Wasser auf den Objektträger legen. Mit dem Deckgläschen abgedeckt, schaust du es dir unter dem Mikroskop an (beim Hand-Mikroskop setzt du dazu den Halter auf). Auf dieselbe Weise kommen Fasern von einem Wattebausch, aus verschiedenen Pullovern und Strickjacken, aus Spülschwamm und Putzlappen unter das Mikroskop. Zeichne die unterschiedlichen Haare und Fasern.

STAUBFLUSEN

Sammle die Staubflusen, die auch gern Wollmäuse genannt werden, in verschiedenen Räumen. Zerrupfe größere etwas oder lockere sie auf und lege sie in einem Tropfen Wasser auf den Objektträger. Abgedeckt mit einem Deckgläschen schaust du unter dem Mikroskop, was sich alles so darin befindet: In der Küche und unterm Esstisch sind es verschiedene Speisereste, im Bad vor allem lange und kurze Haare sowie Hautschuppen, im Eingangsbereich Erd- und Pflanzenreste von draußen.

OBJEKTE ZUM ERKUNDEN:

- gewebte Stoffe von Kleidern, Gardinen und Handtüchern
- Gestricktes und Gehäkeltes
- Teppiche
- Garne aus Wolle, Leinen, Baumwolle
- bestickte Stoffe und Deckchen

ENTDECKUNGEN IN NATUR UND GARTEN

Draußen findest du zu jeder Jahreszeit eine unglaubliche Vielfalt unterschiedlichster Dinge, die unter dem Hand-Mikroskop oft erstaunliche Einzelheiten zeigen. Lass dich überraschen!

↑ Kleine Pflanzengallen

BLÄTTER UND BLATTGALLEN

Es gibt so viele verschiedene Blätter, glatte, raue und weiche, glänzende und matte, dicke und dünne, mit glattem, gezacktem oder eingeschnittenem Blattrand, einfarbig grüne oder vor allem im Herbst mit bunten Farben. Schau dir die Blattadern an, in denen Wasser und Zuckerverbindungen transportiert werden. In allen grünen Pflanzenteilen werden durch Fotosynthese aus Wasser und Kohlenstoffdioxid Zuckerverbindungen hergestellt. Die Energie für diese Produktion liefert die Sonne. Untersuche auch die Oberseite und Unterseite der Blätter: Wodurch unterscheiden sie sich?

← Große Gallenkugeln auf einem Eichenblatt

Auf manchen Blättern befinden sich merkwürdige Gebilde, die wie Kugeln, kleine Türme, Säulen oder Zwiebelchen aussehen. Das sind Gallen. Im Innern befinden sich Eier von kleinen, unscheinbaren Gallmücken, Gallwespen, Gallläusen oder Gallmilben, deren Larven sich im Schutz der Galle entwickeln. Betrachte die unterschiedlichen Gallen vergrößert. Entdeckst du darin im Herbst ein kleines Löchlein, so ist das fertige Tierchen schon geschlüpft.

BLÜTEN, FRÜCHTE, SAMEN

So viele verschiedene Blüten, Samen und Früchte gibt es im Garten und in der Natur zu entdecken. Erdbeeren tragen außen viele kleine Körnchen – das sind die Samen, mit denen sie sich vermehren. Viel größer sind die Schalen von Haselnüssen, stachelig die der Bucheckern, der Ross- und Echten Kastanien. Die Zapfen von Fichten und Kiefern tragen unter den harten Schuppen die Samen ihrer Bäume – erkunde, wann sie geschlossen anliegen und wann geöffnet abstehen.

Wenn du einmal damit begonnen hast, all diese Pflanzenteile vergrößert anzuschauen, gehört dein Hand-Mikroskop bei jedem Streifzug im Freien dazu.

BAUMRINDE

Wie eine schützende Jacke umgibt die Rinde den Stamm der Bäume und Sträucher. Die Rinde junger Bäume ist meist glatt, erst ältere Bäume haben oft eine rissige Rinde. Jede Baumart kannst du an der typischen Struktur der Rinde erkennen. Schau dir die Rinde verschiedener Bäume vergrößert an. Oft verbergen sich kleine Tiere in den Spalten, und wenn ein Stück Rinde abgebrochen ist, kannst du auch die glatte Innenseite erkunden: Darin befinden sich beispielsweise Eigelege von kleinen Krabbeltieren oder Fraßspuren von Borkenkäfern.

Wie du von diesen pflanzlichen und tierischen Funden Präparate machst und sie unter dem Mikroskop erforschst, erfährst du ab Seite 48.

OBJEKTE ZUM ERKUNDEN:

- Wurzeln
- Pilze
- Nadelblätter
- Grashalme
- Verwelktes und Abgeblühtes

SCHNECKENHÄUSER UND EIERSCHALEN

Wenn du draußen leere Schneckenhäuschen oder vor allem im Frühjahr Reste von Vogeleierschalen findest, hast du interessante Objekte.

↓ Zuwachsstreifen

Am gewundenen Schneckenhaus kannst du erkennen, von welcher Schneckenart es stammt: Die der Turmschnecken sind langgestreckt, die der Weinbergschnecken eher rundlich und auf dem der Bänderschnecken ziehen sich dunkle Streifen entlang. Schneckenhäuser werden im Lauf eines Schneckenlebens immer größer – wenn du sie unter dem Mikroskop betrachtest, erkennst du außen auf der Schale die Zuwachsstreifen. An der kleinen Spitze in der Mitte des Gehäuses hat das Wachstum begonnen. Wenn du in die Mündung hineinschaust, siehst du in der Mitte eine Spirale, die wie eine Wendeltreppe ins Innere des Gehäuses zieht. Achte auch darauf, wie die Schneckenhäuser gewunden sind – manche nach links, andere nach rechts.

Nacktschnecken haben zwar kein Schneckenhaus, dafür kannst du mit der Lupe leicht ihre Haut, das sich rhythmisch öffnende Atemloch und die Augen auf den langen Fühlern angucken.

Da das Gehäuse von Schnecken zeitlebens wächst, wird an der vorderen Öffnung unentwegt Schalenmaterial abgelagert. Jede neue Lage kann man als Zuwachsstreifen erkennen.

↓ Dort, wo die Haut der Nacktschnecke auf dem Rücken ganz fein gekörnt ist, saß bei ihren Vorfahren noch das Schneckenhaus.

EIERSCHALEN

Im Frühjahr bis in den Sommer hinein schlüpfen bei den Vögeln die Küken aus den Eischalen. Die Eltern werfen diese Reste dann gleich aus dem Nest. Deshalb kannst du am Boden zerbrochene Schalen finden, besonders häufig die türkisbläulichen Schalen der Amseleier. Findest du draußen keine Eischalen, dann nimmst du einfach ein Stück von einer Hühnereischale. Vergrößert siehst du deutlich, dass die Kalkschale innen mit einer dünnen schützenden Haut ausgekleidet ist – diese kannst du auch abziehen. Lege sie in einem Tropfen Wasser auf einen Objektträger, bedecke sie mit einem Deckgläschen und schaue sie dir unterm Mikroskop an.

Wie bei den Schneckenhäusern, kannst du auch an den Eierschalen erkennen, von welcher Tierart sie stammt: Wenn du magst, zeichne die verschiedenen Funde auf und bestimme die Vogelart. Naturführer für Vögel bilden meist auch die Eier ab. Mit deinen Zeichnungen hast du zusätzlich deinen persönlichen Naturführer.

! WICHTIG

Wenn du ein zerbrochenes Ei findest, das blutig ist oder an dem du Eigelb erkennst, wurde es von einem Nesträuber geklaut. Fass ein solches Ei nicht an.

OBJEKTE ZUM ERKUNDEN:

Am Strand findest du viele Natursachen wie

- Muschelschalen und Schneckengehäuse
- Schulp eines Tintenfischs (Schalenrest)
- Eigelege von Wellhornschnecken und Katzenhaien
- auf Steinen und Wasserpflanzen die festgewachsenen Panzer von Seepocken, das sind Krebse
- Gehäuse von Seeigeln und Seesternen

BODEN UND STEINE ERFORSCHEN

Überall kannst du Erdboden und Steine finden: Beim Spaziergehen hebst du Kieselsteine auf, im Gebirge findest du verschiedene Gesteine und vielleicht sogar Kristalle. Wenn du sie vergrößert mit dem Hand-Mikroskop anschaust, kannst du darin sogar Minerale erkennen.

ERDBODEN

Im Garten und Wald, am Feldrand und an anderen Stellen sammelst du jeweils eine kleine Portion vom Erdboden, zum Beispiel in Tütchen, auf die du den Fundort schreibst. Nimm auch jede dieser Erdproben in die Hand und versuche sie zu kneten: Gelingt das, ist der Boden tonig oder lehmig, rieselt der Erdboden durch deine Finger, ist es ein Sandboden. Schau dir die verschiedenen Erdproben unterm Hand-Mikroskop an und vergleiche sie.

← Sand

GESTEINE

↑ Kieselstein

Gesteine bestehen aus einer Mischung verschiedener Mineralien: Sandsteine enthalten viele Sandkörner, Granit besteht aus hellem Feldspat und dunklen Mineralien wie Biotit oder Hornblende. Mit dem Hand-Mikroskop kannst du diese Mineralien genau betrachten und voneinander unterscheiden. Vielleicht magst du eine Stein-Sammlung anlegen.

Wenn du Steine aus den Alpen hast, kannst du dir die Faltungen darin vergrößert angucken. Vor Millionen von Jahren war dieses Gebirge sehr starken Kräften ausgesetzt, die die Faltungen bewirkten.

↑ strukturierter Stein

EDELSTEINE UND KRISTALLE

Edelsteine bestehen nur aus einem Mineral, das aufgrund seiner chemischen Zusammensetzung eine ganz bestimmte Farbe und Kristallform annimmt. Quarze sind die häufigsten Edelsteine bei uns – dazu gehören der durchsichtige Bergkristall und der rosa Rosenquarz. Amethyst ist violett und bildet schöne kompakte Kristalle. Wenn du dir verschiedene Edelsteine besorgen kannst, betrachte sie vergrößert. Vielleicht gibt es in deiner Schule eine Edelsteinsammlung, die du erkunden darfst. Zeichne die unterschiedlichen Kristallformen der Edelsteine.

OBJEKTE ZUM ERKUNDEN:

- Ton
- Druse
- Fossilien
- Schmuck
- verrostetes Eisen

KRISTALLE ZÜCHTEN

In der Natur dauert es viele tausend Jahre, bis Kristalle in den Spalten der Gesteine gewachsen sind. Doch es gibt ein paar Substanzen, aus denen du ganz leicht und in kurzer Zeit schöne Kristalle züchten und beobachten kannst.

DU BRAUCHST DAZU:

- ein breites Glas oder einen durchsichtigen Plastikbecher
- einen Holzspieß (Schaschlik-Spieß), ca. 15 cm lang
- einen dicken Wollfaden
- 200 ml Wasser
- Substanzen, wie: 100 g Kochsalz oder 400 g Zucker oder 200 g Kali-Alaun aus der Apotheke

FORSCHUNGS-TIPP

Willst du bunte Kristalle züchten? Dann gib in die warme Salz- oder Zuckerlösung ein paar Tropfen Lebensmittelfarbe.

DAS GEHT SO:

Zuerst befestigst du den Wollfaden an der Mitte des Holzspießes und legst diesen so auf den Glasrand, dass der Wollfaden ins Glas hängt.

Dann erwärmst du das Wasser (nicht kochen lassen) und löst darin eine der Substanzen auf. Diese Lösung gibst du in das Glas. Stell es an einen sicheren Platz und lass es in Ruhe. Nun musst du warten: Mit Glück haben sich schon am nächsten Tag die ersten Kristalle am Wollfaden gebildet. Große Kristalle brauchen bis zu 4 Wochen. Beobachte das Wachstum der Kristalle und betrachte die fertigen Kristalle mit dem Hand-Mikroskop. Dazu holst du sie mit einer Pinzette aus der Flüssigkeit heraus und lässt sie auf ein Papiertaschentuch oder Küchenpapier abtropfen. Nun kannst du die Kristallstruktur gut erkennen.

← Salzkristalle unter dem Mikroskop

↑ Zucker

Wenn du die Kristalle unter dem Hand-Mikroskop oder Mikroskop (kleinste Vergrößerung) betrachten willst, gibst du einen Tropfen der warmen Salz-, Zucker- oder Kali-Alaun-Lösung auf einen Objektträger. Wenn das Wasser verdunstet ist, haben sich kleine Kristalle gebildet.

↑ Zuckerkristalle unter dem Mikroskop

OBJEKTE ZUM ERKUNDEN:

- Kristalle in der Eiscreme aus dem Tiefkühlfach
- Schneeflocke
- Eisblume am Fenster
- Lutscher und Bonbons

DEN EIGENEN KÖRPER ERFORSCHEN

Das naheliegendste Forschungsobjekt ist dein eigener Körper, den du jederzeit mit dem Hand-Mikroskop vergrößert anschauen kannst.

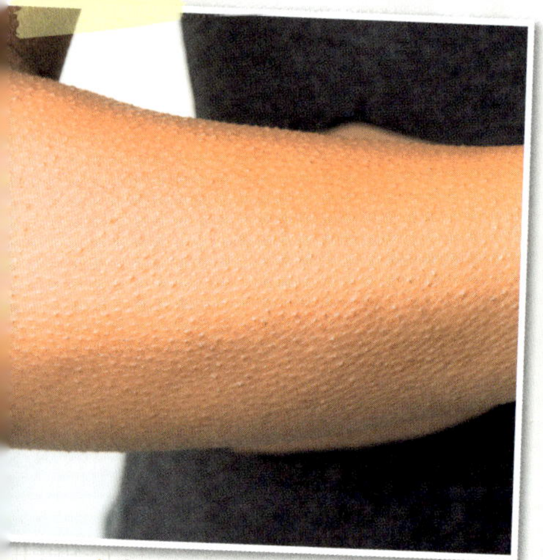

↑ Gänsehaut

DIE HAUT

Erforsche mit dem Hand-Mikroskop deine Haut: Schau dir Hautstellen an Armen und Beinen an. Kannst du Haare erkennen? Vergleiche deine Haut mit der deiner Eltern. Deine Eltern haben wahrscheinlich mehr Haare an den Armen. Schau dir die gefurchte Haut der Handinnenseite an, die Haut unter den Haaren. Wie sieht deine Haut aus, wenn du Gänsehaut hast? Wie sehen die Nägel an Händen und Füßen aus, wie Muttermale oder eine kleine Wunde? Schau sie dir unter dem Hand-Mikroskop an, wenn sie frisch ist und wie sie sich verändert, während sie heilt. Zeichne und male mit Farbstiften die Wunde im Verlauf ihrer Heilung.

ZÄHNE

Hast du schon einen Zahn verloren und ihn aufbewahrt? Dann schaue ihn dir unter dem Hand-Mikroskop an. Du erkennst die weiße Zahnkrone, die aus Dentin besteht und außen von Zahnschmelz umgeben ist – der härtesten Substanz unseres Körpers. Die Zahnwurzel ist bei den Milchzähnen nicht mehr da – sie hat sich aufgelöst, damit der Zahn herausfallen kann.

Die hintersten Backenzähne, die erst später wachsen, heißen Weisheitszähne. Sie werden oft gezogen, und wenn das bei dir gemacht werden muss, kannst du die Wurzeln erkennen, mit denen der Zahn im Kiefer sitzt. Bleibende Zähne sind viel größer als Milchzähne – zeichne beide im Vergleich.

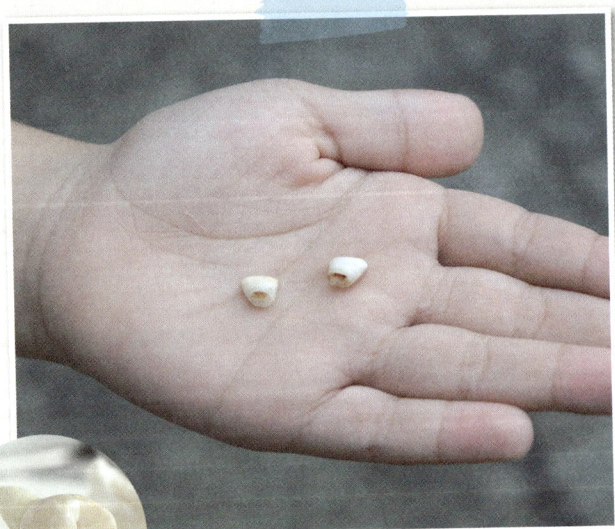

↑ Milchzähne

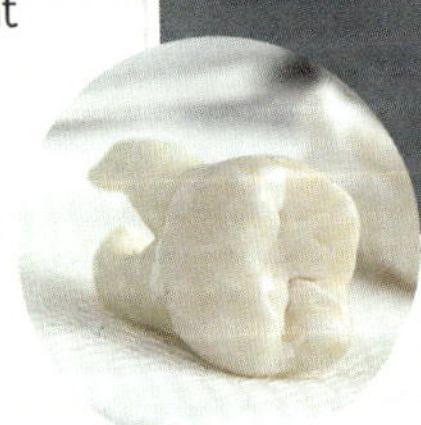

← Weisheitszahn

DIE MUNDSCHLEIMHAUT

Schabe mit einem Löffel vorsichtig an der Innenseite deiner Wangen entlang oder etwas fester mit einem Wattestäbchen: Du erhältst dabei etwas von deiner Mundschleimhaut. Streiche sie dünn auf einen Objektträger und decke sie sorgfältig mit einem Deckglas ab. Dann schaust du dir das Präparat deiner Mundschleimhaut unter dem Mikroskop an. Beim Hand-Mikroskop musst du dazu den Halter montieren: Du erkennst winzige Zellen deiner Mundschleimhaut.

Wenn du das Mundschleimhaut-Präparat mit blauer Tinte färbst, erkennst du die Zellen noch besser. Wie Färben geht, erfährst du auf Seite 50.

↓ rote und weiße Blutkörperchen

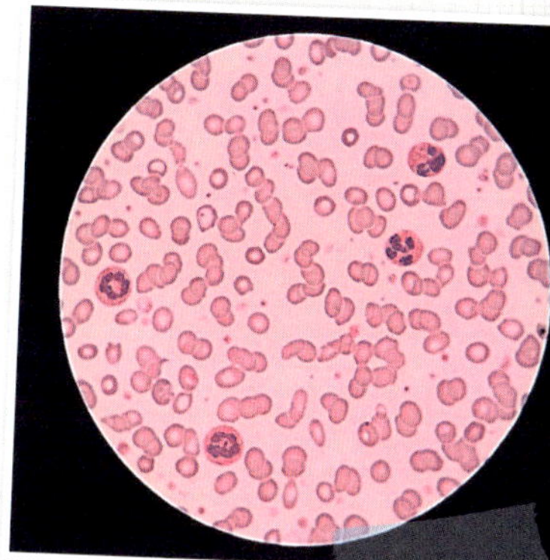

DAS BLUT

Das Blut transportiert den lebenswichtigen Sauerstoff überall dorthin in deinen Körper, wo er gebraucht wird. Den Transport übernehmen die roten Blutkörperchen, während die weißen Blutkörperchen Krankheitserreger abwehren. Wenn du diese wichtigen Zellen in deinem Blut sehen willst, bitte einen Erwachsenen, dich mit einer kleinen spitzen Nadel, die steril sein muss, in eine Fingerkuppe zu piken. Das tut kaum weh. Halte den Objektträger bereit. WICHTIG: Untersuche nur dein eigenes Blut, nicht das von anderen Menschen!

Einen kleinen Bluttropfen gibst du auf einen Objektträger, verstreichst ihn mit einem zweiten Objektträger zu einem dünnen Film und deckst ihn dann mit einem Deckglas ab. Unter dem Mikroskop erkennst du die Blutzellen. Die vielen großen blassen Scheiben sind die roten Blutkörperchen, unregelmäßiger geformte Zellen die weißen Blutkörperchen. Zähle, wie viele rote und wie viele weiße Blutkörperchen du siehst.

OBJEKTE ZUM ERKUNDEN:

- Haare
- Wimpern
- Fingernägel und Fußnägel
- Fingerkuppen von Daumen und den anderen Fingern

DAS MIKROSKOP

Viel stärker als selbst die stärkste Lupe vergrößert das Mikroskop. Dies liegt daran, dass du die Dinge nicht nur durch eine Linse, sondern durch zwei Linsen, die einen Strahlengang bilden, angucken kannst. Blättere zurück auf Seite 9 – dort kannst du dir den Strahlengang noch mal genau anschauen. Weil ein Mikroskop so stark vergrößert, müssen das zu betrachtende Objekt und die beiden Linsen vollkommen bewegungslos sein. Denn jede kleinste Bewegung, und sei es nur das Halten in den Händen, wirkt sich auf den winzigen Ausschnitt aus. Er würde hin und her wackeln. Darum braucht dein Mikroskop einen sicheren Stand.

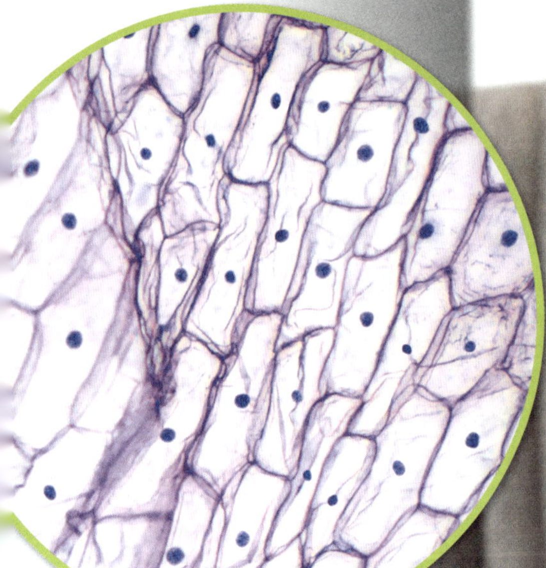

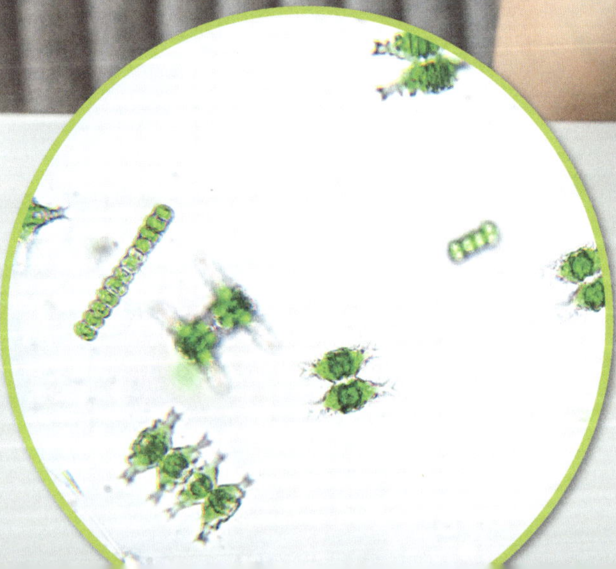

FORSCHUNGS-TIPP

Wundere dich nicht, dass du im Mikroskop die Dinge auf dem Kopf stehend siehst. Daran musst du dich erst gewöhnen, vor allem, wenn du einen passenden Ausschnitt suchst. Warum das so ist, erfährst du auf Seite 9.

EINFACHE PRÄPARATE ZUM MIKROSKOPIEREN

Mit der Lupe und dem Hand-Mikroskop (ohne Halter) kannst du jederzeit jedes Ding so vergrößert anschauen, wie es ist – mit dem Mikroskop geht das nicht, denn die Vergrößerung ist viel zu stark. Bevor du ein Objekt betrachten kannst, musst du daraus ein Präparat herstellen. Das Präparat muss ganz dünn sein, damit es zwischen die beiden gläsernen Objektträger und Deckgläschen passt. Bei einfachen Präparaten, zum Beispiel Algen, sind die Dinge so dünn, dass sie ohne Probleme dazwischen passen – dickere Objekte wie Blätter oder gar Holz musst du ganz dünn schneiden. Wie das geht, erfährst du auf Seite 48.

ZWIEBELHAUT

Eine Küchenzwiebel besteht aus vielen Lagen, den Schalen. Jede dieser Lage ist von einem dünnen Häutchen bedeckt. Dieses Häutchen ist ein einfaches Objekt zum Mikroskopieren.

DU BRAUCHST DAZU:

- Küchenzwiebel
- scharfes Küchenmesser
- Objektträger
- Deckgläschen
- Pipette
- Pinzette
- Küchenpapier, Papiertaschentuch oder Löschpapier
- Wasser

SO FERTIGST DU DAS PRÄPARAT AN:

1. Teile die Zwiebel in zwei Hälften.
2. Nimm aus einer Hälfte ein paar Schalen aus der Mitte heraus. Nun siehst du auf der Innenseite der Zwiebelhälfte Häutchen.
3. Schneide mit dem Küchenmesser ein kleines Stück Häutchen heraus.
4. Gib mit der Pipette einen Tropfen Wasser auf den Objektträger (siehe Illustrationen S. 37).
5. Erfasse das Häutchenstückchen mit der Pinzette und lege es in den Wassertropfen.
6. Setze das Deckgläschen schräg an und lass es vorsichtig auf den Wassertropfen herunter, so dass es ihn bedeckt.
7. Sauge das überschüssige Wasser, das rund um das Deckglas austritt, mit Papier auf.
8. Nun kannst du das Zwiebelhäutchen unter dem Mikroskop betrachten (siehe Seite 39).

ALGEN

Im Teich schwimmen im Sommer und Herbst grüne Algenfäden. Sie sind so dünn und fein, dass du daraus ganz leicht ein Präparat zum Mikroskopieren machen kannst.

DU BRAUCHST DAZU:

- grüne Algenfäden
- Objektträger
- Deckgläschen
- Pipette
- Pinzette
- Küchenpapier, Papiertaschentuch oder Löschpapier
- Wasser

SO FERTIGST DU DAS PRÄPARAT AN:

1. Gib mit der Pipette einen Tropfen Wasser auf den Objektträger.
2. Nimm ein paar Algenfäden mit der Pinzette auf und lege sie in den Wassertropfen.
3. Setze das Deckgläschen schräg an und lass es vorsichtig auf den Wassertropfen herunter, sodass es ihn bedeckt. Auf diese Weise vermeidest du, dass zu viele Luftbläschen im Wassertropfen eingeschlossen werden.
4. Sauge das überschüssige Wasser, das rund um das Deckglas austritt, mit Papier auf.
5. Nun kannst du das Algenpräparat unter dem Mikroskop betrachten.

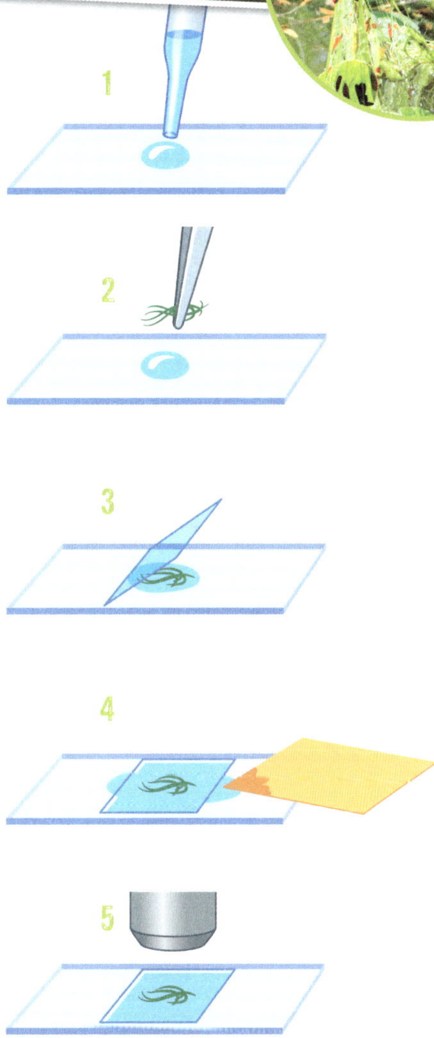

PRÄPARATE UNTER DEM MIKROSKOP ANSCHAUEN

Alles, was du unter dem Mikroskop betrachten willst, muss sich in einem Tropfen Wasser auf einem Objektträger befinden, den du mit einem Deckgläschen abgedeckt hast.

Vor dem Anschauen drehst du den Objekttisch des Mikroskops nach unten, sodass der Abstand vom Objekttisch zum Objektiv groß ist. Dann drehst du den Objektrevolver so, dass das schwächste Objektiv nach unten zeigt.

1. Nun legst du den Objektträger mit dem vom Deckgläschen bedeckten Präparat auf den Objekttisch.
2. Fahre den Objekttisch langsam mit dem Grobtrieb nach oben. Achte dabei unbedingt darauf, dass das Objektiv nicht auf das Deckgläschen trifft. Dabei könnte die Objektivlinse kaputtgehen.
3. Nun erst schaust du durch das Okular. Stelle das Bild scharf, indem du an dem Feintrieb drehst.

Möchtest du das Präparat **stärker vergrößert** anschauen, brauchst du ein stärkeres Objektiv. Je stärker das Objektiv ist, umso länger ist es. Darum musst du vor jedem Objektivwechsel zuallererst den Objekttisch mit dem Grobtrieb nach unten drehen.

1. Wähle mit dem schwächsten Objektiv die Stelle in deinem Präparat aus, die du vergrößert anschauen willst. Sie sollte sich in der Mitte des Bildes befinden.
2. Dann drehst du den Objekttisch mit dem Grobtrieb nach unten.
3. Drehe nun den Objektrevolver, sodass das gewünschte Objektiv nach unten zeigt.
4. Nun drehst du den Objekttisch mit dem Grobtrieb langsam und vorsichtig wieder nach oben.
5. Erst jetzt schaust du durch das Okular und stellst das Bild scharf, indem du an dem Feintrieb drehst.

WENN DU FERTIG BIST

Wenn du dann alles unterm Mikroskop betrachtet oder keine Lust mehr hast, räumst du noch auf. Du reinigst vorsichtig mit Wasser die benutzten Objektträger, Deckgläschen, Pipette und den Objekttisch. Die optischen Teile wie Objektiv und Okular nur mit einem sauberen, weichen Tuch putzen. Achte darauf, nichts zu zerbrechen. Dann deckst du dein Mikroskop ab und stellst es an einen sicheren Platz.

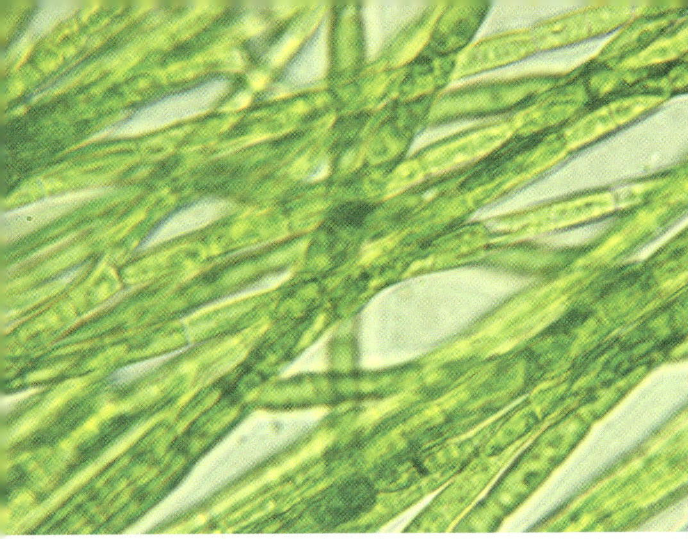

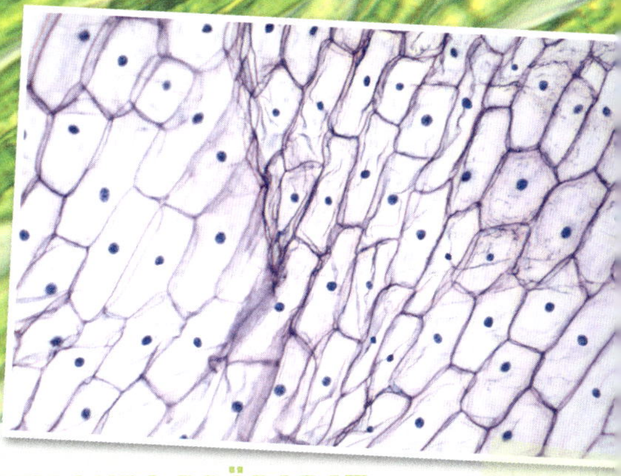

EINFACHES PRÄPARAT: ALGE

Die grünlichen Algenfäden bestehen aus vielen Zellen, in deren Inneren du grüne Körner, Punkte oder Bänder erkennst. Die grüne Farbe bekommen die Algen vom Chlorophyll, das auch Blattgrün genannt wird. Wenn du eine Zeichnung anfertigen möchtest, zeichne die Fäden so genau wie möglich.

EINFACHES PRÄPARAT: ZWIEBELHAUT

Auch die Zwiebelhaut besteht aus vielen Zellen. Deutlich erkennst du die dunklere Zellwand, die jede Zelle umgibt. In jeder Zelle erkennst du außerdem einen dunklen Fleck – das ist der Zellkern. Zeichne auch diese Zellen.

OBJEKTE ZUM ERKUNDEN:

- Blättchen von Moosen
- Flechten (dazu kratzt du sie vorsichtig von Steinen oder Baumrinde ab)
- kleine, zarte Blütchen von Vergissmeinnicht, Ehrenpreis und anderen

← Ehrenpreis-Blüten

TIPPS UND KNIFFE

LUFTBLÄSCHEN IM PRÄPARAT

Luftbläschen erscheinen unter dem Mikroskop wie durchsichtige Kreise mit einem dicken schwarzen Rand. Sie stören sehr, wenn du ein Präparat anschauen und genauer erkunden willst. Du kannst sie aber so leicht entfernen:

1. Gib mit der Pipette einen Tropfen Wasser direkt neben das Deckgläschen.
2. Halte an die gegenüberliegende Seite des Deckgläschens ein Stück Küchenpapier. Dadurch wird der Wassertropfen unter das Deckgläschen gesaugt. Im kleinen Wasserstrom zum Küchenpapier hin werden die Luftbläschen mitgerissen.

GRÖSSEN MESSEN

Mikroskope vergrößern die Dinge so stark, dass die Einteilung auf einem Lineal dafür nicht geeignet ist. Wenn du ein Objekt messen willst, brauchst du ein Mikrometer. Das ist ein dünnes Glasplättchen von nur 1 cm Länge mit einer linierten Skala und in 100 Zellen unterteilt, d.h. der Abstand zwischen jedem Teilstrich beträgt 0,1 mm.

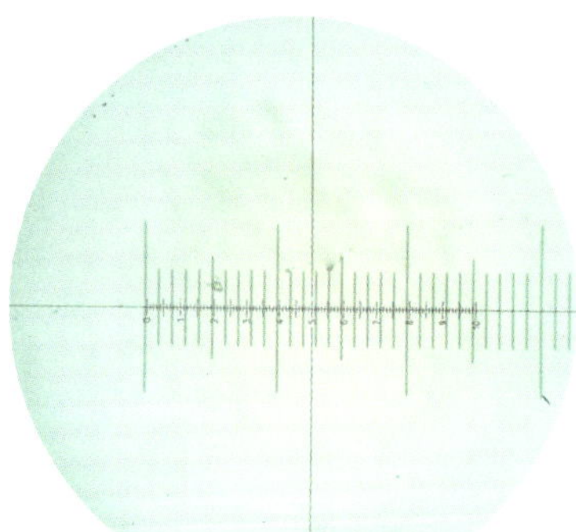

KÖRNER UND FÄDEN HUSCHEN DURCHS BILD

Es heißt dann, dass du „Mücken“ siehst. Diese Mücken gibt es natürlich nicht wirklich. Wenn du lange durch ein Mikroskop schaust, ermüden deine Augen. Dann gibt es kleine Störungen beim Sehen, die nicht schlimm sind. Du solltest deinen Augen aber eine Pause gönnen: Mach sie ein bisschen zu oder schaue hinaus in die Ferne. Vielleicht magst du auch zur Erholung eine Kleinigkeit trinken.

DAUERHAFTE PRÄPARATE ANFERTIGEN

Wenn dir ein richtig gutes Präparat gelungen ist, möchtest du es vielleicht dauerhaft behalten. Dann kannst du es immer wieder anschauen und eine Sammlung guter Präparate anlegen.

1. Gib ein ungefähr tropfengroßes Stück Glyzeringelatine auf den Objektträger. Halte den Objektträger vorsichtig und mit Abstand, damit er nicht schwarz wird, über die Flamme eines Teelichts.
2. Falls Luftblasen in der flüssigen Glyzeringelatine entstehen, steche sie mit der Präpariernadel auf.
3. Nun kannst du dein Präparat wie in einen Wassertropfen in die flüssige Glyzeringelatine geben und vorsichtig mit dem Deckgläschen bedecken. Dann musst du den Objektträger vier Wochen lang waagerecht liegen lassen. Erst jetzt ist dein Präparat durchgetrocknet.
4. Den Rand um das Deckgläschen verschließt du mit mit durchsichtigem Nagellack.
5. Beschrifte dein Präparat: Schreibe den Namen, zum Beispiel Rotbuche, Laubblatt, mit Datum und vielleicht auch Fundort auf kleine Klebe-Etiketten.

Tipp

Für deine haltbaren Dauerpräparate kannst du dir einen speziellen Kasten besorgen, in dem du die Objektträger geschützt aufbewahrst. Den gibt es überall da, wo man Mikroskopier-Bedarf erhält.

DU BRAUCHST DAZU:

- Objektträger
- Deckgläschen
- Präpariernadel
- Teelicht
- Glyzeringelatine (bekommst du in einem Shop für Mikroskopie-Bedarf)

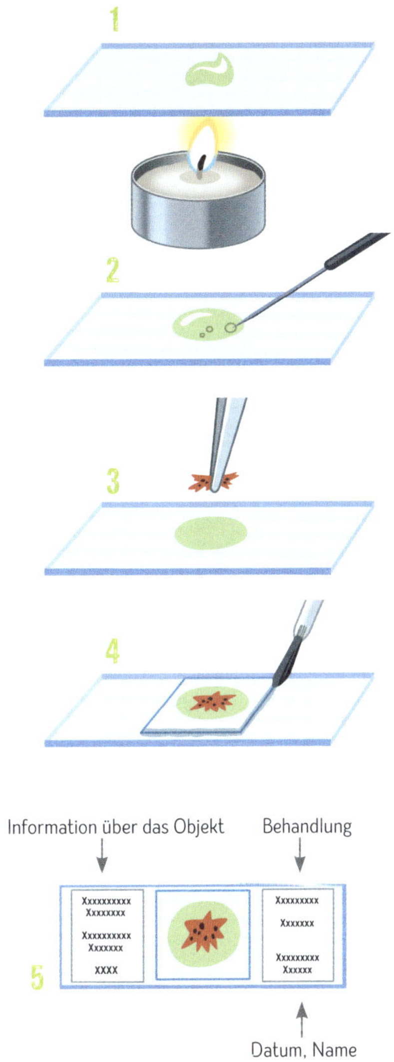

DAS LEBEN IM WASSERTROPFEN

Im Trinkwasser aus dem Wasserhahn würdest du vergeblich nach Leben suchen, denn es ist gefiltert und rein. Wenn du aber einen Tropfen Wasser aus einem Teich unter dem Mikroskop untersuchst, wirst du viele verschiedene winzige kleine Algen und Einzeller entdecken. Und das Schönste: Einzeller wie Amöben oder Pantoffeltierchen bewegen sich sogar unterm Licht deines Mikroskops.

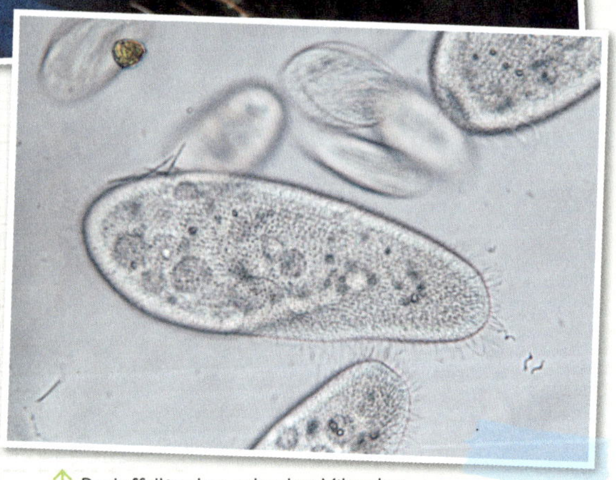

↑ Pantoffeltierchen unter dem Mikroskop

WASSERPROBEN NEHMEN

Schöpfe im Sommer einen Becher Wasser aus einem Tümpel, Weiher oder Teich, an den du gefahrlos herankommst. Auch Wasser aus einer Regentonne eignet sich gut. Du kannst auch den schleimigen Überzug von Wasserpflanzen, Steinen und anderen Oberflächen abstreifen und zu dem abgeschöpften Wasser geben.

Gib einen Tropfen Wasser auf einen Objektträger, bedecke ihn mit einem Deckgläschen, entferne das überschüssige Wasser und schau nach, was du darin finden kannst.

WASSERLEBEWESEN UNTERM MIKROSKOP

Sicherlich bist du erstaunt, wie viele verschiedene Lebewesen sich in einem Wassertropfen tummeln. Beobachte das muntere Treiben und erkunde es genauer. Du kannst den kleinen Plankton-Lebewesen sogar ein Mikro-Aquarium bauen, damit du sie noch besser beobachten kannst.

TIPP

Mit einem feinmaschigen Planktonnetz kannst du gezielt kleine Algen, Einzeller, Wasserflöhe und Hüpferlinge aus einem Tümpel, Weiher oder Teich „fischen". Du fährst mit dem Planktonnetz in liegenden Achterschleifen durchs Wasser. Dabei sammelt sich in dem abnehmbaren Gefäß am spitz zulaufenden Ende des Netzes das Plankton. Fülle es in ein sauberes Marmeladenglas mit Schraubdeckel. Damit transportierst du es nach Haus und sichtest deine Funde unterm Mikroskop.

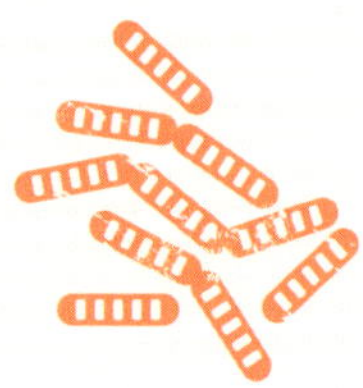

LEBEWESEN AUS DEM WASSER VERMEHREN

Dazu machst du einen Heuaufguss. Darin vermehren sich die Algen und Einzeller, und du kannst sie noch leichter entdecken und beobachten. Es funktioniert auch im Winter.

DU BRAUCHST DAZU:

- ein sauberes großes Marmeladen- oder Gurkenglas mit Schraubdeckel
- Wasser aus Tümpel, Weiher oder Teich
- Heu (bekommst du in der Zoohandlung)

DAS GEHT SO:

1. Gib eine Handvoll Heu in das Glas.
2. Fülle so viel Wasser ein, dass bis zum Rand etwa noch 3 - 5 cm Platz sind.
3. Schraube das Glas zu und stelle es an einen hellen, warmen Platz, am besten an ein Nordfenster, ohne direkten Sonnenschein.

Nach ein paar Tagen bildet sich auf der Wasseroberfläche eine schmierige Schicht aus Pilzen und Bakterien. Im Wasser haben sich die Algen-Einzeller stark vermehrt, vielleicht sogar auch die Wasserflöhe und Hüpferlinge. Nimm eine Wasserprobe und untersuche sie unter dem Mikroskop.

EIN MIKRO-AQUARIUM BAUEN

Durch die Wärme der Mikroskop-Lampe verdunstet das Wasser deines Präparats. Bei toten Objekten ist das nicht schlimm, jedoch bei den Lebewesen, die du im Wassertropfen beobachten möchtest. Damit sich diese Plankton-Lebewesen längere Zeit wohlfühlen und von genügend Wasser umgeben sind, baust du ihnen ein Mikro-Aquarium. Rolle dazu zwischen zwei Fingerkuppen aus Knete eine dünne, nur 1 mm dicke Wurst und forme sie zu einem kleinen Kreis mit einem Durchmesser von 0,5 – 0,8 cm auf dem Objektträger. In dieses „Aquarium" gibst du einen Tropfen Wasser und deckst es vorsichtig mit dem Deckgläschen zu. Sanft drückst du das Deckgläschen etwas nach unten, damit die Knetmasse rundherum dicht schließt.

↑ Verschiedene Grünalgen

ALGEN ERKUNDEN

Du beginnst in deinem Wassertropfen am besten mit den grünen Zellen, die du leicht erkennst: Das sind keine Tierchen, sondern Pflanzen. Im Teich findest du viele verschiedene Grün-, Joch- und Kieselalgen. Zeichne alle Algen, die du in deiner Probe entdecken kannst.

↑ Mondalge

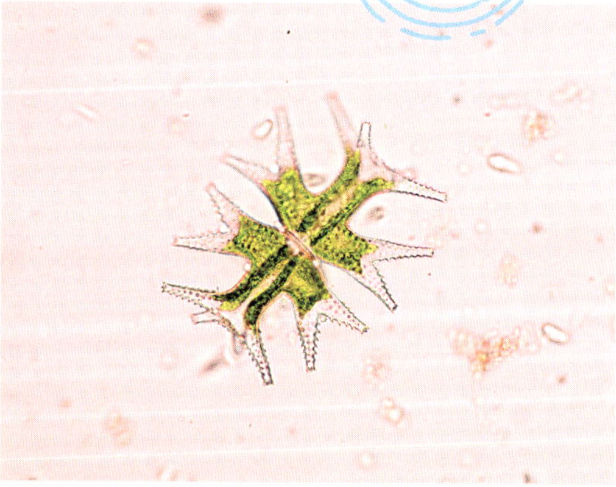

↑ Stachelsternalge

↑ Kugelalge Volvox

Kieselalgen sind eine Algengruppe mit wunderschönen Formen: Schwebesternchen, Sigma-Kieselalge, Nadel-Kieselalge, Körnchen-Kieselalge, Kamm-Kieselalge

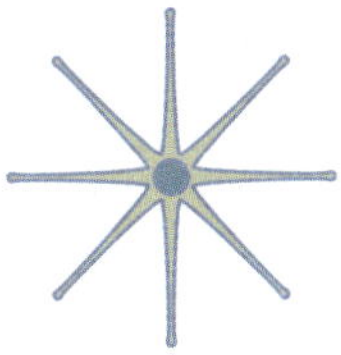

← Kieselalge Schwebestern

Im Sommer kommen im grünlichen Wasser von Teichen viele Euglena-Einzeller vor. Da sie aussehen, als ob sie ein Auge besäßen, werden sie auch „Augentierchen“ genannt.

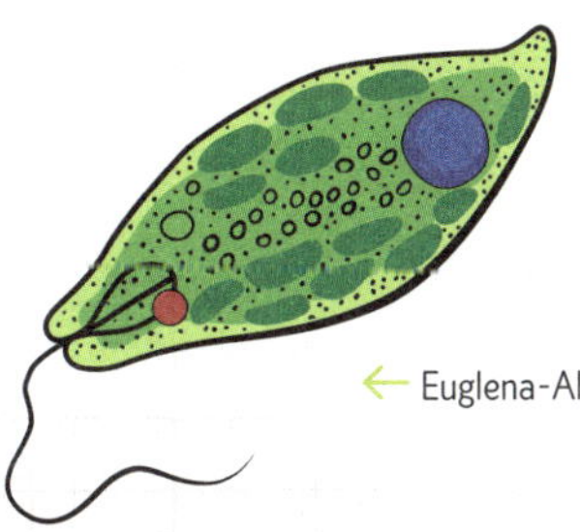

← Euglena-Alge

EINZELLER UND ANDERE WASSERTIERCHEN

Nun sind die tierischen Lebewesen im Wassertropfen dran. Weil sie durchsichtig sind, kannst du ihr Inneres gut beobachten. Da es im offenen Wasser keine Verstecke gibt, ist durchsichtig sein wie Wasser die beste Tarnung. Lass dich nicht irritieren, wenn du grüne Algen in ihrem Körper entdeckst – davon ernähren sich viele Einzeller.

TIPP

Raum schaffen

Amöben und Pantoffeltierchen sind größere Einzeller. Ihnen ist es zwischen Objektträger und Deckgläschen rasch zu eng. Du kannst ihnen etwas mehr Raum verschaffen, indem du das Deckgläschen ein bisschen „aufbockst". Dazu gibst du unter jede Ecke des Deckgläschens ein sehr kleines, stecknadelkopfgroßes Kügelchen Knete. Oder du baust ihnen ein Mini-Aquarium (siehe Seite 43).

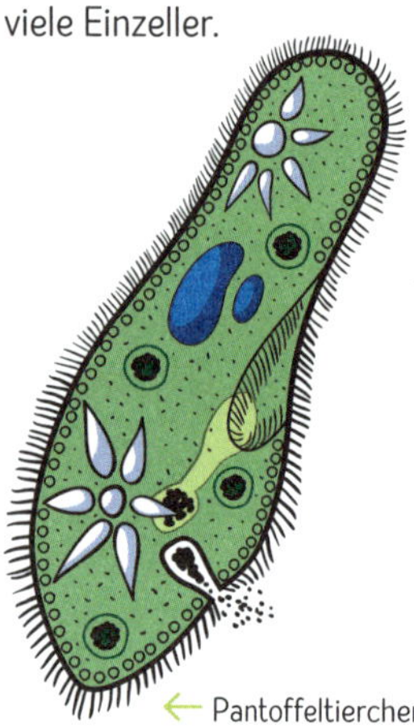

← Pantoffeltierchen (Paramecium)

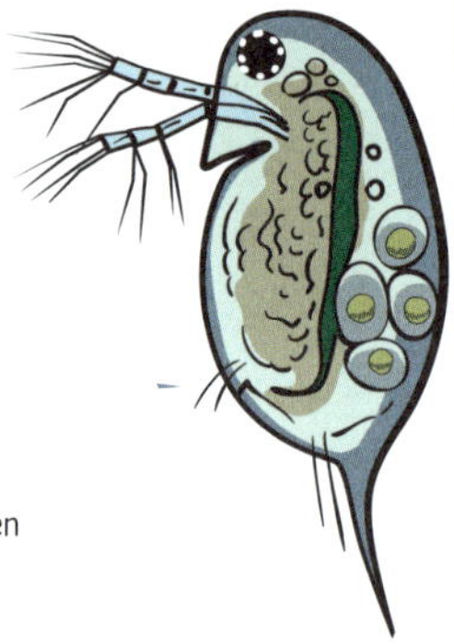

← Wasserfloh

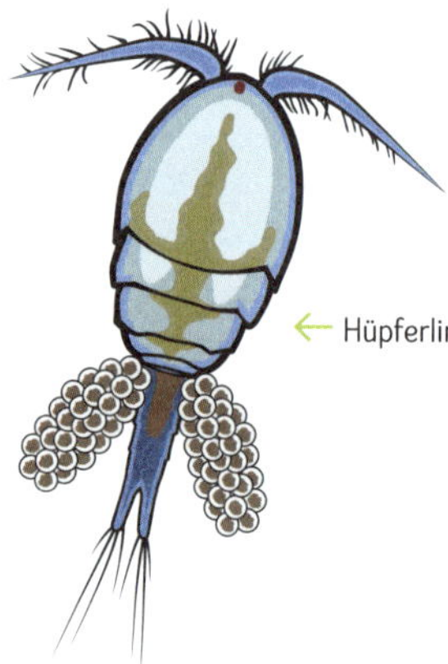

← Hüpferling

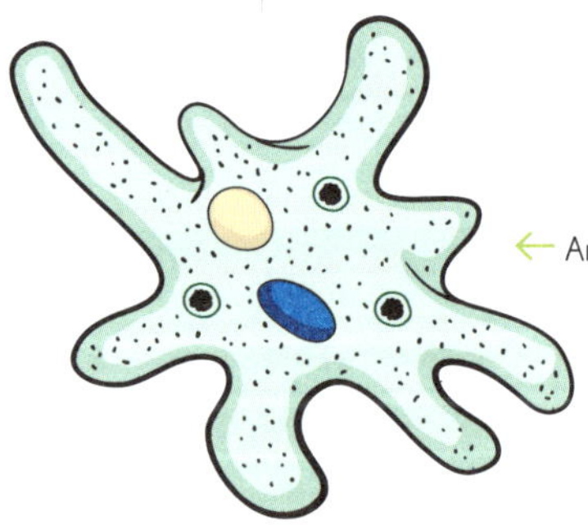

← Amöbe

TIPP

Planktontiere bremsen

Unter den kleinen bis mikroskopisch winzigen Planktontierchen sind viele ziemlich rasch unterwegs. Beim Beobachten kommst du gar nicht hinterher, sie mit der Optik des Mikroskops zu verfolgen. Du kannst sie bremsen, indem du in das Mikro-Aquarium auf dem Objektträger einzelne Wattefäden als Hindernisse hineinlegst. Die dünnen Wattefäden ziehst du aus einem Watte-Pad oder loser Watte vorsichtig heraus.

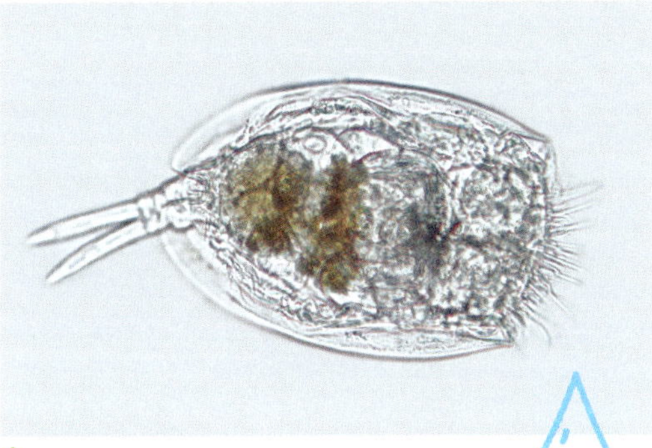

↑ Rädertierchen

Größere Wassertiere sind Wasserflöhe und Hüpferlinge. Die sich ruckartig bewegenden Wasserflöhe kannst du sogar mit bloßem Auge erkennen. Auch die Hüpferlinge bewegen sich zuckend vorwärts. Rädertierchen, Rotifera genannt, sind räuberische Planktontiere, die aus zahlreichen Zellen bestehen.

EINZELLER

Einzeller bestehen nur aus einer Zelle. Es gibt pflanzliche Einzeller, zu denen die Algen gehören, und tierische Einzeller.

- **Amöben:** Amöben können klein oder auch sehr groß sein. Ihr Körper hat kein festes Äußeres, sondern fließt langsam wie Slime dahin. Dabei verändern sie ständig ihre Form. Wenn eine Amöbe etwas essen will, umfließt sie ihre Nahrung und nimmt sie so auf.
- **Pantoffeltierchen** (Paramecium): Die Oberfläche der Zelle dieses Wimpertierchens ist mit feinen Wimpern besetzt, mit denen es durchs Wasser rudert. Dabei ist das Pantoffeltierchen ganz schön schnell unterwegs. Auch seine Nahrung, das sind feinste Schwebteilchen im Wasser, treibt es sich mithilfe der Wimpern zu.
- **Glockentierchen** sind ganz besondere Wimpertierchen, denn sie heften sich mit ihrem langen Stiel an Algen und andere Wasserpflanzen.
- Die **Trompetentierchen** gehören auch zu den Wimpertierchen und sind die größten Einzeller. Wie die Glockentierchen sitzen auch sie mit einem Ende fest auf Wasserpflanzen, einem Stein im Wasser oder am Teichrand. Mit dem anderen Ende strudeln sie mithilfe der Wimpern kleine Schwebteilchen als Nahrung herbei.

↓ Trompetentierchen

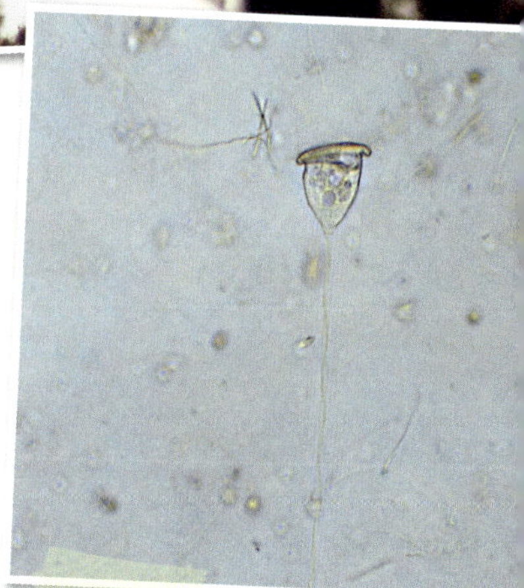

↑ Glockentierchen

PFLANZENTEILE SCHNEIDEN

Ein Blatt einer Pflanze ist viel zu dick, um es unterm Mikroskop zu betrachten – probiere es mal aus: Wenn du ein Blatt zwischen Objektträger und Deckgläschen klemmst, siehst du nur schwarz. Um das Innere eines Blattes zu erforschen, musst du einen ganz dünnen Schnitt machen. Das gilt auch für Früchte, Holz und viele andere Pflanzenteile.

HARTE TEILE

Dicke, stabile Pflanzenstängel wie etwa der einer Sonnenblume oder ein Stück Kartoffel oder Karotte, vorgeschnitten wie eine dicke Pommes, kannst du direkt schneiden.

DAS GEHT SO:

1. Zuerst schneidest du eine ganz gerade Oberfläche.
2. Dann nimmst du den Stängel oder „Pommesschnitz" zwischen Daumen und Zeigefinger einer Hand, die Rasierklinge in die andere.
3. Du setzt die Rasierklinge knapp unterhalb der Oberfläche an und ziehst die Klinge durch das Pflanzenteil, sodass eine sehr dünne Scheibe entsteht. Wenn dir das nicht gleich gelingt, schneide nicht durch den ganzen Pflanzenteil, sondern nur ein kleines Teilstück als Scheibe ab. Achte darauf, dass die dünnen Scheiben überall gleichmäßig dünn sind und es nicht eine dickere Kante gibt.

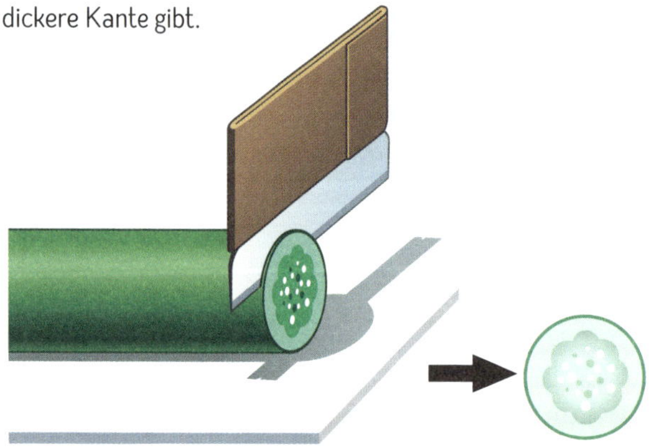

Üben, üben, üben: Zuerst wirst du ziemlich dicke Scheiben schneiden – doch je mehr du übst, umso geschickter wirst du im Schneiden von dünnen, am besten fast durchsichtigen, gleichmäßig dünnen Scheiben. Das Schneiden ist ein Handwerk und wie bei jedem Handwerk wirst du durchs Üben immer geschickter.

Achtung! Verletzungsgefahr!
Nur mit einer Rasierklinge oder einem scharfen Skalpell kannst du Pflanzenteile so dünn schneiden, dass sie als Präparate zum Mikroskopieren geeignet sind. Außerdem muss die Rasierklinge super scharf sein, sonst gleitet sie nicht gerade und glatt durch den Pflanzenteil. Nimm am besten eine Rasierklinge, bei der eine Seite zum gefahrlosen Anfassen geeignet ist.

WEICHE TEILE

Laubblatt unter dem Mikroskop →

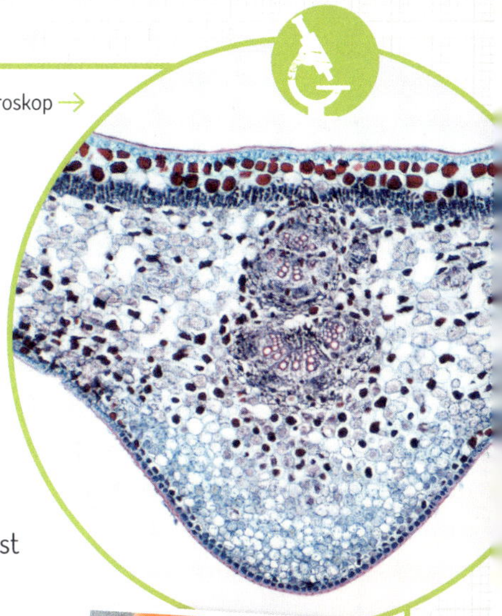

Ein Laubblatt ist zu weich, ein Blütenblatt und ein Nadelblatt zu klein – diese Pflanzenteile kannst du nicht gut zwischen deinen Fingern halten. Damit du daraus dünne Schnitte machen kannst, musst du ihnen Halt geben. Das geht am einfachsten mit einer Karotte, Kohl- oder Futterrübe (geschnitten wie eine dicke Pommes). Styropor oder der Kork einer Weinflasche eignen sich nicht, beide machen die Rasierklinge kaputt.

DAS GEHT SO:

1. Du nimmst ein fingergroßes Stück Karotte oder Rübe und machst einen Längsschnitt über zwei Drittel der Höhe.
2. In diesen Schlitz schiebst du ein halbiertes Blatt hinein, das geht ganz gut mit einer Pinzette, und klemmst es ein.
3. Mit einem scharfen Messer schneidest du nun eine gerade, glatte Oberfläche über Halter und Blatt. Dann verfährst du so wie bei dicken, harten Pflanzenteilen.
4. Lege den feinen Querschnitt in einen Tropfen Wasser auf den Objektträger, bedecke das Objekt mit dem Deckgläschen – nun kannst du es unter dem Mikroskop betrachten (wie du dabei vorgehst, steht auf Seite 37).

TIPP

Weichere Pflanzenteile schieben sich gern beim Schneiden zusammen. Dann probiere es mit einer nassen Rasierklinge.

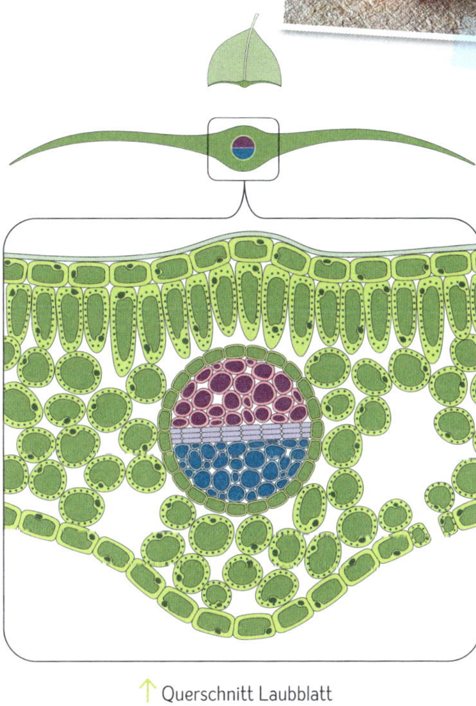

↑ Querschnitt Laubblatt

PRÄPARATE FÄRBEN

Manche Objekte, Strukturen und Bestandteile sind fast farblos oder nur schwer zu erkennen. Mithilfe von Farbstoffen machst du diese gezielt sichtbar. Je nachdem, welchen Farbstoff du wählst, werden jeweils bestimmte Substanzen oder Strukturen nach ihrer chemischen Zusammensetzung gezielt gefärbt.

PRÄPARAT AUF DEM OBJEKTTRÄGER FÄRBEN

Du hast ein Objekt wie üblich geschnitten, dieses in einem Tropfen Wasser auf den Objektträger gelegt und mit einem Deckgläschen abgedeckt. Nun kannst du färben.

DU BRAUCHST DAZU:

- Farblösung
- Pipette
- Küchenpapier, Löschpapier, Papiertaschentuch

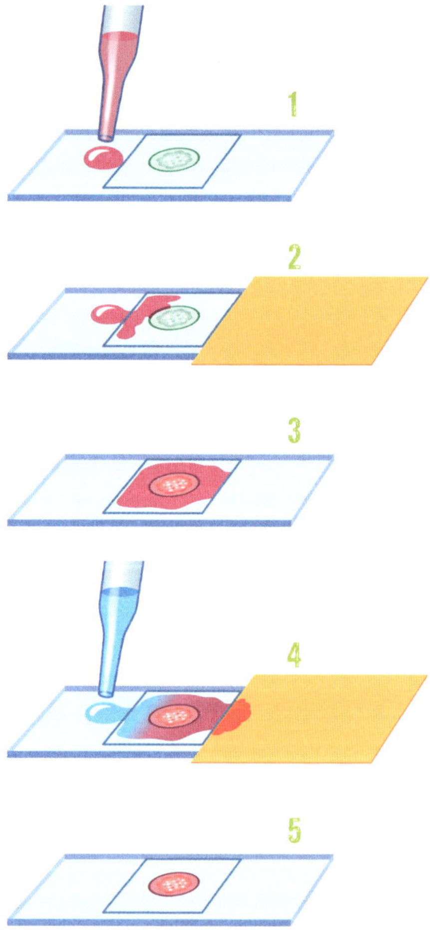

1. Gib mit der Pipette einen kleinen Tropfen der gewünschten Farblösung direkt neben das Deckgläschen.
2. Setz das saugfähige Papier an der gegenüberliegenden Seite des Deckgläschens an. Dadurch wird die Farblösung unter das Deckgläschen gezogen und färbt dein Objekt.
3. Lass die Farblösung ein paar Minuten einwirken.
4. Damit du die gefärbten Zellteile gut sehen kannst und nicht alles bunt ist, musst du die überschüssige Farblösung wegspülen. Dazu setzt du nun einen Tropfen Wasser direkt neben das Deckgläschen und saugst es auf dieselbe Weise wie bei 2. mithilfe von saugfähigem Papier durch. Wiederhole dies noch ein- oder zweimal.
5. Nun kannst du dein Objekt unterm Mikroskop betrachten.

Farblösung	färbt
blaue Tinte oder einprozentige Methylenblaulösung	Zellwände
rote Tinte oder Eosinlösung	Struktur von Holz, Zellwände
Jodtinktur*	Zellwände, Zellkern, Stärkekörner (z.B. in Kartoffeln)

***Jodtinktur** musst du vor der Verwendung noch verdünnen:

- Wenn du 10 ml Jodtinktur hast, mischst du sie mit 40 ml sauberem Wasser.
- Wenn du 30 ml Jodtinktur hast, mischst du sie mit 120 ml sauberem Wasser (also immer im Verhältnis 1 : 3).

Vorsicht! Jodtinktur darf nicht mit Metall in Berührung kommen, weil dieses dann rostet.

TIPP

Farblösungen:
Die Farblösungen und Jod bekommst du in der Apotheke. Da diese Chemikalien stets sparsam verwendet werden, genügt es, wenn du dir die kleinste Menge besorgst.

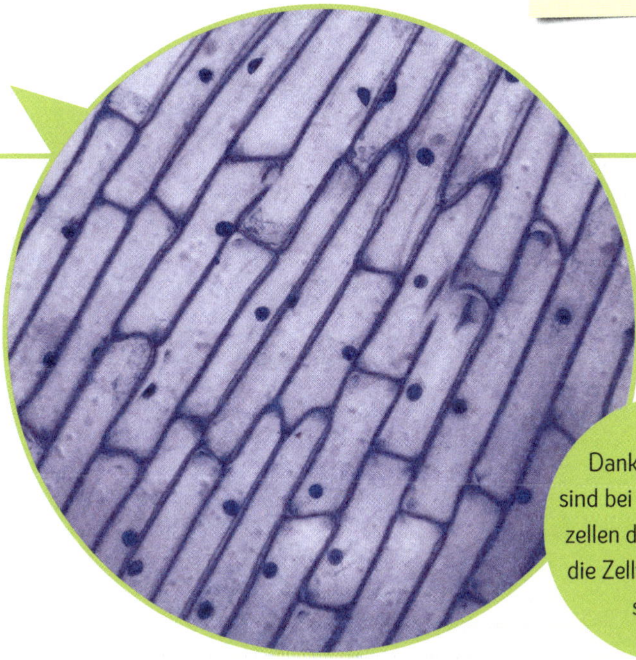

Dank der Färbung sind bei diesen Zwiebelzellen der Zellkern und die Zellwände deutlich sichtbar.

BLÄTTER ERKUNDEN

BLÄTTER

Die grünen Blätter sind die Fabriken der Pflanzen: Mithilfe des Blattgrüns (Chlorophyll) nutzen die Pflanzen das Sonnenlicht als Energiequelle, um aus Wasser und Kohlenstoffdioxid eine Zuckerverbindung, den Traubenzucker, zu erzeugen. Aus dem Traubenzucker stellen sie alles her, was sie brauchen – die Blätter, Stängel und Wurzeln, die Blüten, Samen und Früchte.

FORSCHUNGS-TIPP

Halte Blätter verschiedener Pflanzen gegen eine Lichtquelle, zum Beispiel an ein Fenster, und betrachte sie mit der Lupe. Du erkennst, wie die Blattnerven das Blatt durchziehen und wie die Blattränder gestaltet sind. Diese Muster sind bei jedem Blatt unterschiedlich. Im Herbst kannst du so auch die Verteilung der gelben und roten Farbstoffe über die Blattfläche erkunden.

WIE WIRD DAS SONNENLICHT EINGEFANGEN?

Die Palisadenzellen sind grün gefärbt, weil sie unzählige grüne Chloroplasten besitzen. Mit dem darin enthaltenen Blattgrün (Chlorophyll) wird das Sonnenlicht eingefangen. Die locker angeordneten Schwammparenchymzellen enthalten nur wenige Chloroplasten, dafür belüften sie das Blattinnere.

QUERSCHNITT EINES LAUBBLATTES

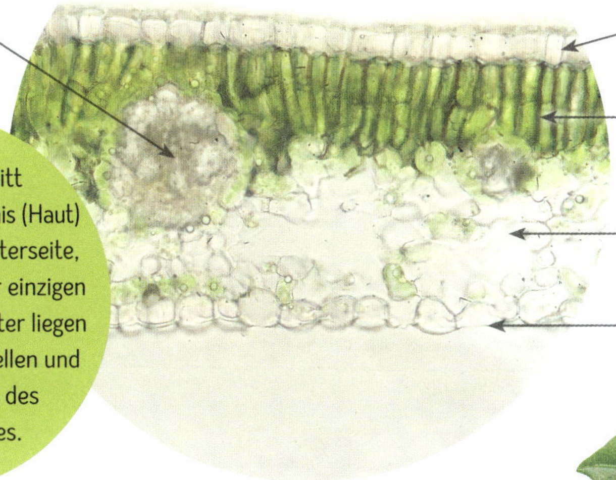

Im Blattquerschnitt erkennst du die Epidermis (Haut) der Blattober- und -unterseite, die aus jeweils nur einer einzigen Zelllage besteht. Darunter liegen die dichten Palisadenzellen und die lockeren Zellen des Schwammgewebes.

Unter dem Mikroskop erforschst du die verschiedenen Funktionen des Blattes. Dazu brauchst du einen dünnen Schnitt durch ein Laubblatt, indem du ein Stück Blatt zwischen Karotte oder Rübe klemmst (siehe Seite 49). Zwei oder drei dünne Schnitte gibst du in einen Wassertropfen auf den Objektträger und deckst ihn mit dem Deckgläschen ab.

WIE KOMMT DAS WASSER IN DIE BLÄTTER?

Schau dir die Blattadern im Querschnitt an oder fertige vom Blattstiel einen dünnen Schnitt. Du erkennst unterm Mikroskop die zahlreichen Leitungsröhren, in denen das Wasser von den Wurzeln in die Blätter fließt.

FORSCHUNGS-TIPP

Wenn du im Herbst von gelb, rot oder braun verfärbten Blättern der Bäume oder Sträucher einen dünnen Querschnitt schneidest und unterm Mikroskop betrachtest, erkennst du, dass das Blattgrün der Palisadenzellen fehlt. Bevor der Baum die Blätter abwirft, entzieht er das kostbare Blattgrün den Blättern und lagert es in Stamm und Wurzel fürs nächste Jahr ein.

Hierzu kannst du ein **Experiment** machen:

DAS GEHT SO:

1. Klebe auf ein grünes Blatt im Frühjahr oder Sommer ein paar bunte Klebepunkte.
2. Entferne sie eine Woche später.

Unter den Klebepunkten ist das Blatt hell geworden. Mache einen Schnitt durch diese hellen Bereiche und schau sie dir unterm Mikroskop an. Du siehst, dass jetzt die grünen Chloroplasten in den abgeklebten Zellen fehlen.

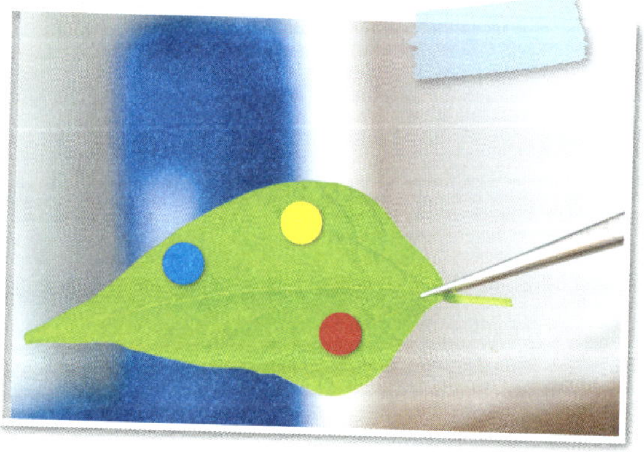

WO KOMMT DAS KOHLENSTOFFDIOXID HER?

Auf der Unterseite der Blätter befinden sich viele Spaltöffnungen, die wie Münder aussehen. Wenn sie sich öffnen, kann das Blatt den Kohlenstoffdioxid aus der Luft aufnehmen. Im Querschnitt erkennst du die Spaltöffnungen von der Seite, die wie Tore Hohlräume im Schwammgewebe verschließen.

Um die Spaltöffnungen ganz anzuschauen, spannst du ein Blatt so über einen Radiergummi, dass die Unterseite des Blattes nach außen zeigt. Dann ritzt du mit dem Skalpell ein etwa 5 x 5 mm großes Viereck aus der Blatthaut heraus und gibst es mit der Pinzette in einen Tropfen Wasser auf den Objektträger.

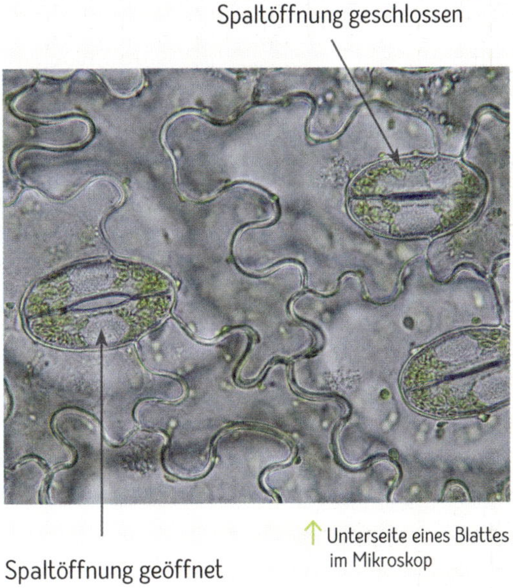

↑ Unterseite eines Blattes im Mikroskop

SEEROSENBLÄTTER

Auch Seerosenblätter besitzen Spaltöffnungen, durch die sie Kohlenstoffdioxid aus der Luft aufnehmen. Da die Blätter auf der Wasseroberfläche schwimmen, befindet sich die Unterseite stets unter Wasser. Darum sitzen die Spaltöffnungen auf der Blattoberseite. Schau sie dir unterm Mikroskop an.

NOCH MEHR BLÄTTER

Manche Blätter fallen auf, weil sie helle oder rote Flecken aufweisen, von feinen Haaren bedeckt sind oder spitze Stacheln tragen. Besonders interessant sind die Brennhaare der Brennnesseln. Auch die nadelförmigen Blätter der Fichten und anderer Nadelbäume kannst du erkunden.

↑ Dreimasterblume

BLATTFLECKEN

Mache einen Querschnitt durch ein Blatt, auf dem grüne und anders gefärbte Bereiche zu erkennen sind. Betrachte den Querschnitt unterm Mikroskop und studiere die verschiedenen Blattbereiche: Wo erkennst du grüne Chloroplasten? Wie sehen die hellen oder rot gefärbten Bereiche aus?

← Woll-Ziest

FEINE HAARE UND SPITZE STACHELN

Schau dir zuerst die Haare, Stacheln und andere Auswüchse auf den Ober- und Unterseiten von Blättern unterm Hand-Mikroskop an. Manche sind gerade oder verzweigt, andere sternförmig, wollig oder besitzen Widerhaken. Dann schabst du ein paar dieser Gebilde vorsichtig mit dem Skalpell ab und gibst sie in einem Tropfen Wasser auf den Objektträger. Stell das Deckgläschen drauf und beobachte alles unter dem Mikroskop. Manche Haare und Stacheln sind luftgefüllt – darum sehen sie weiß aus.

BRENNHAARE DER BRENNNESSEL

Auf Blättern und Stängeln der Brennnesseln sitzen die langen durchsichtigen Brennhaare. Wenn du sie mit dem Hand-Mikroskop anschaust, erkennst du, dass jedes Brennhaar auf einem Sockel sitzt.

Mit durchsichtigem Klebeband nimmst du ein solches Brennhaar vorsichtig ab und klebst es auf den Objektträger. Das intakte Brennhaar sieht vergrößert wie eine gläserne Nadel aus. Du erkennst, dass das Brennhaar innen hohl und mit einer durchsichtigen Flüssigkeit gefüllt ist.

Das kleine Köpfchen bricht an der Spitze ab, wenn du es berührst, und das Brennhaar kann in die Haut eindringen. Dabei wird das darin enthaltene Gift in die Haut hineingespritzt – es brennt. Schau dir auch abgebrochene Brennhaare unterm Mikroskop an.

NADELBLÄTTER

Halbiere ein Nadelblatt von einer Kiefer, Fichte, Tanne, Eibe oder Douglasie und mache daraus einen feinen Querschnitt, wie auf Seite 48 beschrieben. Betrachte diesen Blattquerschnitt unterm Mikroskop. Du erkennst rundherum die schützende mehrschichtige Oberhaut (Epidermis), die rundherum Öffnungen – die Spaltöffnungen (siehe Seite 55) – aufweist.

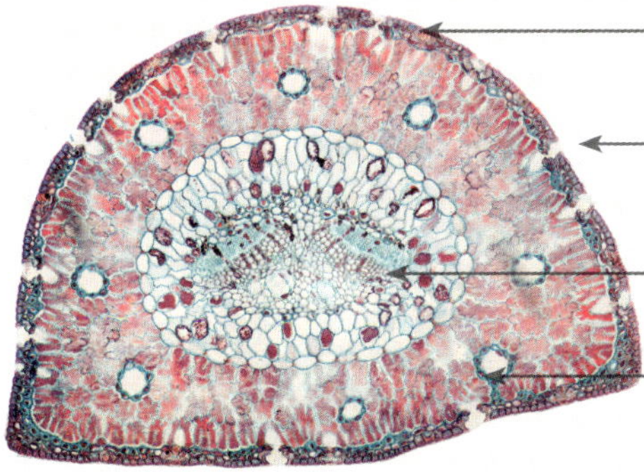

↑ Querschnitt eines Nadelblatts

FORSCHUNGS-TIPP

Finde Blätter, die angefressen sind oder Löcher aufweisen. Manche sind fast kreisrund, andere zerfranst, manche befinden sich mitten auf dem Blatt, andere am Rand. Schau dir diese Fraßstellen von Schnecken, Schmetterlingsraupen, Käfern und anderen Insekten zunächst mit dem Hand-Mikroskop an. Vielleicht entdeckst du auch noch andere Spuren des Verursachers wie etwa die Schleimspur einer Schnecke oder kleine Kotwürstchen von Raupen.

↑ Blattschneiderbiene

BLÜTEN UND POLLEN

Blüten erfüllen bei den Pflanzen eine wichtige Aufgabe: Sie bilden Samen, mit denen sich die Blumen und Gräser, Bäume und Büsche vermehren und ausbreiten können. Damit sich Samen bilden können, müssen Blüten mit Pollen (Blütenstaub) bestäubt werden. Darum besitzen alle Blüten:

- Staubbeutel, in denen der Pollen gebildet wird
- eine klebrige Narbe, an der der Blütenstaub hängen bleibt. Der Blütenstaub wandert dann den Griffel hinab und befruchtet die Samenanlagen im Fruchtknoten. Dann erst kann sich eine Frucht mit Samen bilden.

Bei unscheinbaren Blüten wie die der Gräser wird der Pollen vom Wind transportiert. Bunte Blüten hingegen locken Insekten an, die den Pollen von Blüte zu Blüte weitertragen.

SO IST EINE BLÜTE AUFGEBAUT

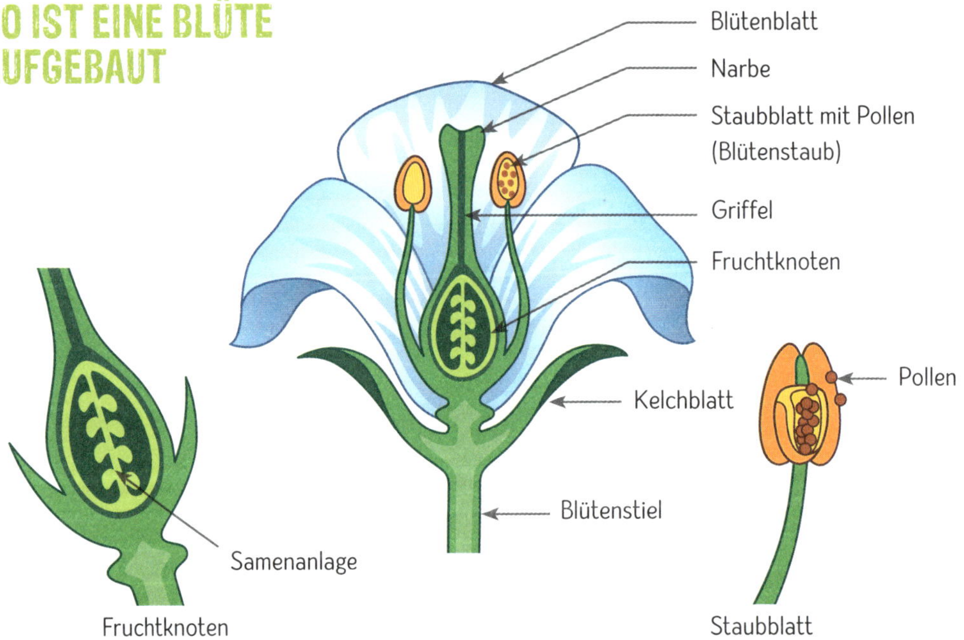

EINZELBLÜTEN

Dazu gehören die von Apfel und Kirsche, von Raps, Lichtnelke, Vogelwicke, Salbei, Mohn und Krokus. Schau dir die verschiedenen Formen der Blütenblätter an. Zähle sie. Schau dir auch die Staubblätter und den Griffel mit der Narbe an.

Zerteile vorsichtig eine Blüte, lege die einzelnen Teile in je einen Wassertropfen auf den Objektträger und decke sie mit Deckgläschen ab. Schau dir nun die Blütenteile unterm Mikroskop an. Hauchdünne Blütenblätter wie die von Ehrenpreis kannst du direkt anschauen, von dickeren musst du einen dünnen Querschnitt machen (siehe Seite 49). Betrachte verschiedenfarbige Blütenblätter – du erkennst, dass sich der Blütenfarbstoff in den Zellen befindet und dass Blütenblätter keine Spaltöffnungen besitzen. Erkennst du den Pollen, der die Staubblätter bedeckt? Betrachte auch die Narbe, an der der Pollen hängen bleibt. Um Fruchtknoten und Griffel genauer zu studieren, musst du von diesen Blütenteilen dünne Schnitte machen.

Im Garten, auf der Wiese und am Wegrand findest du viele verschiedene Blüten. Schau sie dir zunächst mit dem Hand-Mikroskop an. Lerne dabei Einzelblüten von Blütenständen zu unterscheiden.

Apfelblüten →

BLÜTENKNOSPEN

Bevor eine Blüte sich öffnet, ruht sie geschlossen in einer Knospe. In der Knospe sind alle Blütenteile schon voll entwickelt, aber sie sind noch ganz trocken. Wenn sich die Knospe öffnet, strömt Wasser in die Zellen der Blütenblätter. Dadurch werden die Blütenblätter immer größer, bis die Blüte ihre endgültige Größe erreicht hat.

FORSCHUNGS-TIPP

Nimm zum Beispiel die Knospe einer Mohnblüte und schneide sie der Länge nach durch. Betrachte sie mit dem Hand-Mikroskop. Du erkennst die verschiedenen Teile der Blüte: die grünen Hüllblätter, die roten Mohnblätter, die vielen Staubblätter sowie die unreifen Samenanlagen im dicken Fruchtknoten im Zentrum der Knospe.

Blüten der Echten Kamille bestehen aus vielen kleinen Einzelblüten; nur die Einzelblüten am Rand besitzen ein einziges weißes Blütenblatt.

BLÜTENSTAND

Bei Doldenblütlern wie Wilde Möhre, Petersilie und Schafgarbe, bei Korbblütlern wie Löwenzahn, Gänseblümchen und Margerite sowie beim Klee oder Schnittlauch stehen ganz viele kleine Blüten dicht beisammen und bilden einen Blütenstand. Er sieht so aus wie eine große Blüte. In Wirklichkeit besteht diese aber aus vielen kleinen Einzelblüten. Schau dir verschiedene Blütenstände mit dem Hand-Mikroskop an – erkennst du die kleinen Einzelblüten?

KORBBLÜTEN UNTERSUCHEN

Nimm ein Gänseblümchen und zupfe mit der Pinzette die Einzelblüten des Blütenköpfchens vorsichtig ab. Am Rand des Blütenköpfchens sitzen rundherum viele Zungenblüten, die aus nur einem Blütenblatt bestehen. In der Mitte befinden sich Röhrenblüten mit Staubblättern und Narben, die aber kein Blütenblatt besitzen. Lege eine Zungen- und eine Röhrenblüte in je einen Tropfen Wasser auf den Objektträger. Betrachte diese winzigen Blüten unterm Mikroskop – erkennst du die verschiedenen Blütenteile?

Distelblüten bestehen auch aus vielen Einzelblüten – es sind aber nur Röhrenblüten, Zungenblüten fehlen. Zerpflücke dazu eine Distelblüte, um sie genau zu untersuchen.

FORSCHUNGS-TIPP

Nimm eine blaue Kornblume. Tropfe etwas Essig auf die Blüte, und du siehst, wie sie sich nach rosa verfärbt. Der Blütenfarbstoff wandelt seine Farbe im sauren Milieu. Kornblumen sind Blütenstände: Zupfe jeweils blaue und rosa gefärbte Einzelblüten heraus und schaue sie dir unterm Mikroskop an.

SO IST EINE GRASBLÜTE AUFGEBAUT

GRÄSERBLÜTEN

Von April bis Juli blühen verschiedene Gräser. Ihre Blüten sehen ganz anders aus als die der Blumen. Da sie vom Wind bestäubt werden, benötigen sie keine bunten Blütenblätter. Dafür bestehen sie neben Griffel mit Narbe und Staubblättern aus verschiedenen Deckblättern.

Entferne von einer blühenden Ähre eines Grases oder Getreides ein paar Einzelblüten und betrachte sie genau mit dem Hand-Mikroskop und unterm Mikroskop.

POLLEN (BLÜTENSTAUB)

Wenn Bäume, Blumen und Gräser blühen, erzeugen sie Blütenstaub. Der Wind oder Insekten tragen ihn zu anderen Blüten derselben Art, damit diese bestäubt werden und Samen bilden können. Meist ist Blütenstaub gelb gefärbt.

Was für unsere bloßen Augen nur wie gelber Staub aussieht, zeigt unter dem Mikroskop seine ganze Schönheit und Vielfalt. Diese Pollenkörner sehen nicht gleich aus, sondern jede Pflanze produziert ganz typische Pollen für ihre Art. Manche sind kugelig wie Tennisbälle, andere länglich wie ein Brötchen oder vielkantig. Es gibt glatte, genoppte, behaarte, stachelige Pollenkörner und noch mehr. Botaniker und Botanikerinnen– so heißen Forschende, die Pflanzen erkunden – können anhand der Pollenkörner die Pflanzenart bestimmen.

POLLENKÖRNER

Nimm im Frühjahr und Sommer im Garten, am Wegrand und an anderen Stellen draußen mit einem Pinsel oder Zahnstocher den Pollen verschiedener Blüten wie Krokus, Sonnenblumen, Löwenzahn, auch Weidenkätzchen, Apfel und Haselnuss ab. Gib ihn auf dem Objektträger in einen Tropfen Wasser – beschriften nicht vergessen! Schau dir die vielen verschiedenen Pollen unterm Mikroskop an. Wenn du sie zeichnest, erhältst du ein Pollen-Herbarium. Neben jede Zeichnung kannst du eine kleine Portion des zugehörigen Pollens mit durchsichtigem Klebeband dazu kleben.

HONIG

Auch Honig enthält Pollen. Botanikerinnen und Botaniker untersuchen den Honig und bestimmen die darin enthaltenen Pollen – so wissen sie genau, ob die Bienen für den Lindenblütenhonig auch tatsächlich Lindenblüten besucht haben. Auch du kannst Honig nach Pollen absuchen. Dazu gibst du einen kleinen Tupfer Honig auf den Objektträger und deckst ihn mit dem Deckgläschen ab. Unterm Mikroskop spürst du die Pollen auf. Gut, wenn du schon ein großes Pollen-Herbarium hast, dann kannst du den Pollen im Honig damit abgleichen. Teste verschiedene Honigsorten.

FORSCHUNGS-TIPP

Auf der Unterseite von Farnblättern befinden sich die braunen, pulverfeinen Sporen der Farne. Aus ihnen keimen neue Farnpflanzen aus. Die Formenvielfalt der Farnsporen entdeckst du unterm Mikroskop.

SAMEN

Nicht nur Pollen, sondern auch Samen zeigen sich in einer enormen Vielfalt an Formen, die du noch genauer unterm Mikroskop betrachten kannst.

PUSTEBLUMEN

Löwenzahn, Huflattich und viele andere Korbblütler bilden Pusteblumen, wenn die Samen reif sind. Mit einem Zahnstocher nimmst du ein paar Samen einer Pusteblume auf und schaust sie dir in einem Tropfen Wasser unterm Mikroskop an. Du erkennst den schmalen, länglichen Samen mit der feinen Oberflächenstruktur und das filigrane Schirmchen aus vielen, mit feinen Härchen besetzten Fäden.

WILDBLUMENSAMEN

Einen wahren Fundus an Objekten erhältst du, wenn du dir ein Tütchen mit einer Wildblumen-Samenmischung besorgst. Auf den Tütchen steht oft Blumenwiese, Bienenblumenmischung oder Insektenblumenmischung. Auch diese feinen Samen betrachtest du in einem Tropfen Wasser unter dem Mikroskop – du erkennst, wie vielfältig ihre Gestalt, Form und Struktur der Oberfläche ist.

GRÖSSERE SAMEN

Viele Samen wie Sonnenblumenkerne, Mandeln, Hasel- und Walnüsse, Bucheckern, Eicheln und Kastanien sind zu groß und zu dick, um sie direkt unterm Mikroskop zu erforschen. Mit dem Hand-Mikroskop schaust du dir die strukturierten, manchmal auch fein behaarten Oberflächen an. Mit einem scharfen Skalpell schneidest du ultradünne Scheibchen und Späne von diesen Samen ab, sodass du sie in einem Tropfen Wasser vergrößert erforschen kannst. Du erkennst die dicht an dicht gepackten, wasserlosen und fetthaltigen Zellen der Samen, die von dicken Zellwänden umgeben sind.

FORSCHUNGS-TIPP

Wenn du eine ungeschälte Mandel mit heißem Wasser übergießt, löst sich die braune Haut. Du kannst sie mit einer Pinzette abziehen und unterm Mikroskop betrachten. Vergleiche die Zellen der Mandelhaut mit denen des Mandelinneren.

↑ Mandeln

↑ Walnusskerne

↑ Sonnenblumenkerne

FRÜCHTE & KARTOFFELN

In der Küche, im Garten und in der Natur findest du jede Menge Früchte, bei denen du unterm Mikroskop Interessantes entdecken kannst.

ÄPFEL, BIRNEN, QUITTEN

Aus kleinen Stücken dieser Früchte schneidest du dünne Schnitte, die du in einem Tropfen Wasser anschaust: Diese Früchte enthalten große Zellen, die noch deutlicher sichtbar werden, wenn du sie mit etwas roter Tinte färbst – wie das geht, erfährst du auf Seite 50.

Mache auch einen dünnen Schnitt durch Haut und Fruchtfleisch: Leicht kannst du unterm Mikroskop die Hautzellen mit den stabilen Zellwänden von den Fruchtfleischzellen unterscheiden.

↑ Quitten

↑ Weißdorn

WILDFRÜCHTE

Im Sommer und Herbst reifen die Wildfrüchte an den Sträuchern: Sammle verschiedene Früchte wie die von Weißdorn, Mispel, Kornelkirsche und Hagebutten. Nach dem Betrachten mit dem Hand-Mikroskop fertigst du feine Schnitte zum Mikroskopieren an.

ERDBEEREN UND HIMBEEREN

Bei den Erdbeeren sitzen die kleinen Samen als Kernchen auf der Frucht, bei Himbeeren befinden sie sich im Innern jeder kleinen Steinfrucht, aus denen eine einzelne Himbeere zusammengesetzt ist. Um die Kernchen der Himbeere zu studieren, musst du eine Frucht vorsichtig zerdrücken. Schau dir zunächst diese Kernchen mit dem Hand-Mikroskop an, dann in einem Tropfen Wasser unterm Mikroskop. Zeichne die typische Form der Erdbeer- und Himbeerkernchen. Verstreiche dann je einen Tropfen Erd- und Himbeermarmelade auf zwei Objektträgern und untersuche deren Kernchen unterm Mikroskop: Erkennst du sie wieder?

So wird untersucht, ob die Marmelade auch tatsächlich aus den genannten Früchten besteht.

KARTOFFELN …

… enthalten viel Stärke, die du beim Verzehr von Kartoffeln schmeckst. Diese Stärke wird auch als Pulver gewonnen und zum Backen oder Eindicken von Soßen verwendet.

Unterm Mikroskop erkennst du in einem dünnen, fast durchsichtigen Schnitt einer Kartoffel unregelmäßig geformte Zellen. In den Zellen liegen kleine bis größere eiförmige Körnchen – das sind die Stärkekörner. Wenn du genau hinschaust, erkennst du an den Stärkekörnern ringförmige Strukturen. Sie entstehen, weil sich beim Wachstum der Kartoffel immer mehr Stärke um diese Körner anlagert. So werden sie größer.

STÄRKE SICHTBAR MACHEN

Dazu brauchst du eine Jodlösung, denn Jod färbt Stärke blau. Weil Jod ein sehr starker Farbstoff ist, darfst du ihn nur mit Wasser verdünnt verwenden.

Färbe einen hauchdünnen Schnitt einer Kartoffel mit Jodlösung, so wie es auf Seite 50 beschrieben ist. Unterm Mikroskop erkennst du nun die Stärkekörner ganz deutlich.

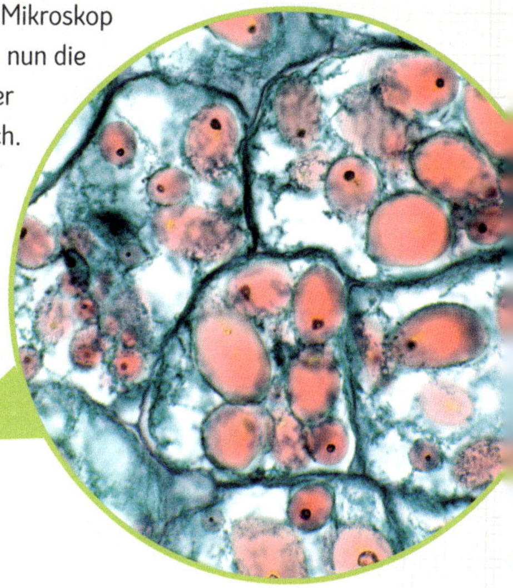

FORSCHUNGS-TIPP

Untersuche Karotten, Kohlrabi, Erbsen und viele andere Gemüse, indem du feine Schnitte anfertigst. Dazu kannst du zum Beispiel all die Abfallstücke nehmen, die beim Zubereiten von Mahlzeiten in der Küche anfallen.

HOLZ

Die Stämme, Äste, Zweige und Wurzeln der Bäume und Sträucher bestehen aus Holz – darum werden diese Pflanzen auch Gehölze genannt. Bäume können bis zu 120 Meter hoch wachsen, weil ihr Holz eine sehr harte Substanz ist. Darum wird Holz auch von uns Menschen so vielfältig genutzt in Dingen vom kleinen Zahnstocher, Möbeln bis hin zu Häusern und Schiffen.

Holz ist hart und dicht. Um es unterm Mikroskop zu studieren, musst du daraus dünne, fast durchsichtige Schnitte machen. Dazu nimmst du am besten ein Stück Holz und schneidest mit dem scharfen Skalpell oder der Rasierklinge hauchdünne Schnitze ab. Du kannst auch hauchdünne Sägespäne verwenden, die du mit einem scharfen Hobel erhältst (lass dir dabei von einem Erwachsenen helfen). In einem Tropfen Wasser betrachtest du die dünnen Holzschnitte unterm Mikroskop: Du erkennst die verholzten Zellen sowie hohle Zellen der Leitungsbahnen. In diesen wird das Wasser von den Wurzeln zu den Blättern transportiert.

↑ Querschnitt durch den Stamm

Fertige verschiedene Schnitte an, um diese Leitungen aus verschiedenen Ansichten zu sehen:

- Mache einen dünnen Querschnitt: Du erkennst die runden Leitungsbahnen.
- Mache einen dünnen Längsschnitt: Nun erkennst du diese Leitungsbahnen als mehr oder weniger lange Röhren.

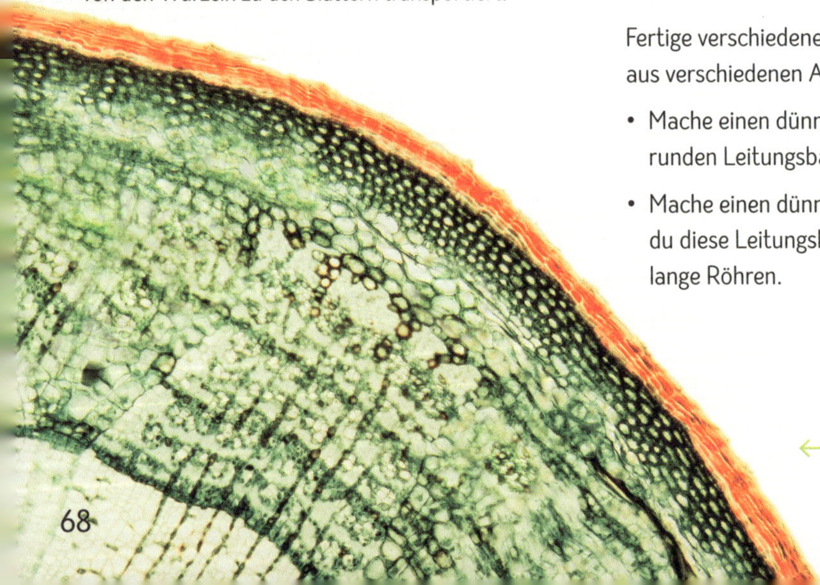

← Querschnitt durch Wachstumsgewebe mit Rinde

JAHRESRINGE

Bedingt durch die Jahreszeiten wachsen bei uns die Bäume nicht das ganze Jahr gleichmäßig weiter. Ihr Wachstum unterliegt einem jahreszeitlichen Rhythmus, den du in den Jahresringen erkennen kannst: Im Frühjahr werden die dünnwandigen, hellen, recht großen Zellen des Frühholzes gebildet, im Spätsommer bilden Bäume das dunklere Spätholz mit kleinen, dichten Zellen. Im Winter ruht das Wachstum, das im Frühjahr wieder mit der Bildung des Frühholzes beginnt. Wenn du einen hauchdünnen Querschnitt durch einen Holzbereich mit Jahresringen anfertigst, kannst du diese verschiedenen Holztypen – Früh- und Spätholz – eindeutig unterm Mikroskop unterscheiden.

FORSCHUNGS-TIPP

Zähle die dunklen Ringe einer Baumscheibe oder am Stamm eines abgesägten Baumes von der Mitte nach außen. Wie alt war der Baum, als er gefällt wurde?

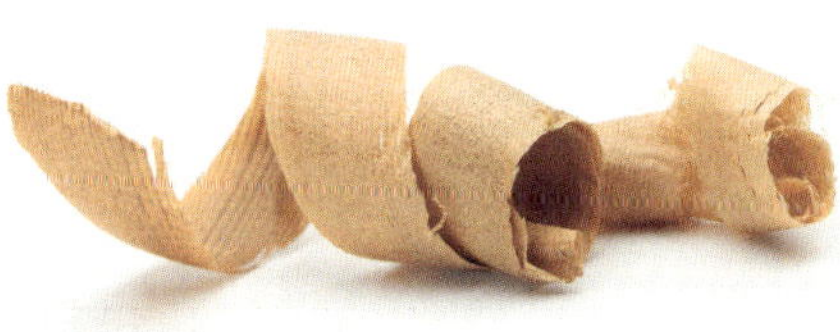

PILZE

Im Wald, auf Wiesen und am Wegrand wachsen verschiedene Pilze: kleine Pfifferlinge, Steinpilze oder giftige Fliegenpilze. Oft werden Pilze zu den Pflanzen gezählt – doch das stimmt nicht. Schon auf den ersten Blick erkennst du den wesentlichen Unterschied zu den Pflanzen: Pilze sind nicht grün! Und so bilden die Pilze wie die Pflanzen und die Tiere ein eigenes Reich von Lebewesen: das Reich der Pilze.

↓ Wilde Pfifferlinge

! WICHTIG

Nur eine Person, die sich mit Pilzen genau auskennt, weiß, ob ein Pilz in der Natur giftig oder ungiftig ist. Verwende zum Mikroskopieren nur Speisepilze aus dem Laden: Das sind ganzjährig Champignons, zeitweise auch Pfifferlinge, Steinpilze, Austern- und Kräuterseitlinge.

↑ essbare Champignons

HUT UND STIEL

Viele Pilze bestehen aus einem Stiel mit Hut. Wenn du auf die Unterseite des Huts schaust, kannst du auf einen Blick zwei verschiedene Gruppen von Pilzen voneinander unterscheiden: Bei Champignons und Seitlingen befinden sich dort viele fächerförmige Lamellen, bei Steinpilzen hingegen dicht an dicht kleine Röhren. Löse den Hut eines Champignons und eines Steinpilzes, halbiere sie und mache jeweils einen hauchdünnen Schnitt durch einen Pilz mit Lamellen und einen mit Röhren. Unter dem Mikroskop erkennst du neben den Pilzzellen viele feine runde bis eckige „Körnchen“ – das sind die Sporen. Sie werden in den Lamellen oder Röhren gebildet. Mit den Sporen vermehren sich die Pilze.

← essbare Steinpilze

↑ Pilzhut mit Lamellen

Stäublingspilz bläst Sporen heraus

Abdruck der Pilzsporen

SPOREN

Um die Sporen zu erkunden, trennst du von verschiedenen Pilzen die Hüte ab. Die Hüte legst du mit den Lamellen oder Röhren nach unten über Nacht auf einen Objektträger oder weißes Papier. Damit die pulverfeinen Sporen nicht von einem Luftzug weggeweht werden, stülpst du über jeden Hut ein Glas. Am nächsten Morgen hat der Pilzhut genügend Sporen abgeworfen: Es gibt weiße, creme- und ockerfarbene, beige, gelbe, orange-, rot- und graubraune sowie schwarze Sporen. Für Pilzexperten und -expertinnen ist die Farbe der Sporen ein wichtiges Bestimmungsmerkmal, anhand dessen sie ähnliche Pilzarten voneinander unterscheiden können. Zum Mikroskopieren schiebst du die Sporen jeweils eines Pilzes zu einem Häufchen auf dem Objektträger zusammen, gibst einen Tropfen Wasser darauf und deckst sie mit dem Deckgläschen ab.

NOCH MEHR PILZE

Ins Reich der Pilze gehören auch Arten, die ganz anders aussehen: Hefepilze, ohne die es keinen Pizzateig gäbe, oder Schimmelpilze, die Camembert überziehen oder sich auf Brot bilden. Dabei unterscheidet man essbare und für den Menschen giftige Schimmelpilze, von denen man einige nicht einatmen sollte. Sogar der Fußpilz, eine Krankheit bei Menschen, ist eine Pilzart.

↑ Brotschimmel unterm Mikroskop

SCHIMMELPILZE

Um diese interessante Gruppe von Pilzen zu erkunden, schaust du dir den weißen Schimmelpilzbelag eines Camemberts oder den bläulichen eines Blauschimmelkäses mit dem Hand-Mikroskop an. Du erkennst die lockere Struktur der Pilzfäden. Dann schabst du mit einem Messer etwas vom Schimmel ab, streichst ihn auf einen Objektträger und gibst einen Tropfen Wasser darauf: Unterm Mikroskop werden die zahlreichen, feinen, weißen oder bläulichen Fäden der Schimmelpilze sichtbar. Dazwischen befinden sich köpfchenförmige, pinsel- oder gießkannenähnliche Sporenträger, in denen die Sporen gebildet werden.

← verschimmelte Orange – nicht einatmen!

↑ Camembertkäse

↑ Blauschimmelkäse

FLECHTEN

Flechten bilden bunte, krustige Beläge auf Felsen, Mauern, Dächern, Steinen, Rinden und vielen anderen Oberflächen. Sie sehen ein bisschen aus wie mit einer Farbsprühdose aufgesprüht. Flechten sind besondere Lebewesen, denn jede Flechte besteht aus einer festen Partnerschaft zwischen einem Pilz und einer Alge. Die Alge betreibt Fotosynthese und versorgt die Flechte mit Zuckerverbindungen, der Pilz schützt die Alge vor Austrocknung.

Schau dir zunächst verschiedene Flechten mit dem Hand-Mikroskop an – schon damit kannst du die grüne Algenschicht erkennen. Um Flechten unter dem Mikroskop betrachten zu können, müssen sie feucht sein: Am besten besprühst du eine Flechte mit Wasser und entnimmst dann einen kleinen Teil mit Rasierklinge oder Messer, den du auf einen Objektträger gibst. In einem Tropfen Wasser kannst du nun gut die kleinen, rundlichen Algen von den fädigen Pilzen der Flechte unterscheiden.

TIERISCHE BEOBACHTUNGEN UNTERM MIKROSKOP

Blätter, Blüten, Holz und andere pflanzliche Objekte findest du leicht überall, sogar verschiedene Pflanzenteile der Pflanzen in deiner Wohnung lassen sich jederzeit unterm Mikroskop erkunden. Um tierische Objekte zu finden, brauchst du einen guten Spürsinn: Recht einfach kommst du an einzelne Haare aus dem Fell von Haus- und Nutztieren wie Hund, Katze, Schaf und Pferd (siehe Seite 36 ff.) oder auch an Federn (siehe Seite 76). Aber auch Insekten, Spinnen und andere Kleintiere sind sehr interessante Objekte, die spannende Details beim Blick durch vergrößernde Linsen zeigen. Lebende Tiere kannst du mit Lupe, Becherlupe und Hand-Mikroskop erkunden. Für die Betrachtung unter einem Mikroskop hingegen brauchst du Präparate auf einem Objektträger – das gelingt mit einzelligen und winzigen Tieren im Wassertropfen (siehe Seite 42 ff.), nicht aber mit größeren.

↑ Schuppen auf dem Flügel eines Schmetterlings

! WICHTIG

Und weil du auf gar keinen Fall ein Tier tötest, um daraus Präparate herzustellen, musst du tote Kleintiere oder deren Teile finden.

↓ Mundwerkzeuge eines Insekts

← Kopf einer Libelle mit riesigen Augen

NATURFUNDE UNTERSUCHEN

FEDERN

Federn gehören zu den unzähligen Wundern der Natur. Nur Vögel besitzen Federn – die weichen Unterfedern (Daunen) halten die Vogelkörper warm, die verschiedenen Deckfedern halten ihn trocken und sind fürs Fliegen unerlässlich. Sie bilden stabile Strukturen an den Flügeln und am Schwanz.

TIPP

Federn finden
Halte vor allem im August im Wald, auf Wegen und städtischen Plätzen sowie am Ufer von Parkseen Ausschau nach den Federn der Vögel, denn dann wechseln sie vor dem Winter ihr Gefieder. Die alten, abgenutzten Federn fallen aus und neue wachsen heran.

Schau dir zunächst verschiedene Federn mit dem Hand-Mikroskop an – du erkennst, dass eine Feder aus einem Schaft besteht, an dem ganz viele Strahlen ansitzen. Bei den Deckfedern bilden sie eine flächige Fahne, weil sie über Haken- und Bogenstrahlen ineinander verhakt sind. So wie der Vogel beim Putzen seines Gefieders mit dem Schnabel regelmäßig diese Verhakungen neu richtet, so kannst du dies tun, wenn du mit Daumen und Zeigefinger sanft über die Feder fährst.

↓ Steinkauz-Feder

UNTERM MIKROSKOP

Schneide ein kleines Stück aus einer Deckfeder heraus. In einem Tropfen Wasser kannst du das Federstück vergrößert anschauen. Du erkennst, dass die Strahlen dicht an dicht mit noch feineren Strahlen besetzt sind: auf der einen Seite mit Hakenstrahlen, auf der anderen mit Bogenstrahlen. Die feinen Häkchen der Hakenstrahlen verhaken sich mit den Bogenstrahlen des benachbarten Strahls – dadurch bildet sich eine steife, feste Federfahne.

An Strahlen, die nicht miteinander verhakt sind, erkennst du leichter die mit Haken besetzten Hakenstrahlen und die hakenlosen Bogenstrahlen.

↑ Federstruktur unter einem Mikroskop

WESPENNEST

Wespen bauen ihr Nest aus einer Art Papier, das sie selbst herstellen. Dazu schaben sie feine Holzspäne ab und vermischen sie mit ihrem Speichel zu einer feuchten Holzmulmmasse. Mit ihren Mundwerkzeugen modellieren sie daraus in dünnen Lagen ihr kunstvolles Nest, die Wände der Zellen für die Larven und die schützende Hülle. Dabei entstehen die feinen, hellen, bräunlichen oder gräulichen Streifen.

Nimm ein kleines Stück von einem verlassenen Wespennest heraus und schau es dir in einem Tropfen Wasser unterm Mikroskop an. Du erkennst die feinen Holzspäne in der papierähnlichen Masse.

! ACHTUNG

Vorsicht mit Wespennestern
Halte dich von einem bewohnten Wespennest fern und gehe niemals näher als zwei Meter heran. Du kannst dir die Stelle merken und es dir dann im Winter holen. Die Wespen eines Nests sterben nämlich bei den ersten Frösten und ihr Nest bleibt leer zurück.

KLEINTIERE ERFORSCHEN

Die allermeisten Tiere sind winzig und sie leben überall bei uns. Insekten, Spinnen, Milben, Asseln, Hundert- und Tausendfüßer kannst du gut vom Frühjahr bis zu den ersten Frösten beobachten. Im Winter hingegen überdauern sie als Ei, Larve, Puppe oder fertiges Insekt an einem frostfreien Platz. Möchtest du lebende Kleintiere beobachten, kannst du dies mit Lupe und Becherlupe tun. Auch das Hand-Mikroskop ermöglicht dir einen vergrößerten Blick auf einzelne Kleintiere, wenn diese bewegungslos verharren. Mit dem Mikroskop hingegen ist das Studieren lebender Tiere unmöglich!

TOTE KLEINTIERE FINDEN

Auf der Fensterbank, unterm Spinnennetz, an der Windschutzscheibe der Autos, auf dem Dachboden, auf der Wasseroberfläche von Pfütze, Teich, Regentonne oder Schwimmbecken, im Keller oder auch am Rand von Wegen in Park, Wald, Feld und Flur kannst du in der warmen Jahreszeit tote Insekten finden.

! ACHTUNG

Du darfst kein Insekt, Spinne oder anderes Tier töten, um es dir unterm Mikroskop anzugucken. Stattdessen musst du dich auf die Suche nach toten Kleintieren begeben.

KLEINTIERE ZEICHNEN

Zuerst schaust du dir die toten Kleintiere mit dem Hand-Mikroskop an, um den Körper kennenzulernen. Schau dir genau den Kopf mit den Mundwerkzeugen und die Sinnesorgane wie Augen und Fühler an, dann Brust und Hinterleib, die Beine und die Flügel. Wenn du das tote Kleintier zeichnen möchtest, stecke es mit einer Stecknadel auf einen Radiergummi. Der Vorteil vom Zeichnen: Du guckst viel genauer hin und entdeckst sicherlich Details wie die Krallen an den Füßen, die dir beim bloßen Anschauen entgangen wären.

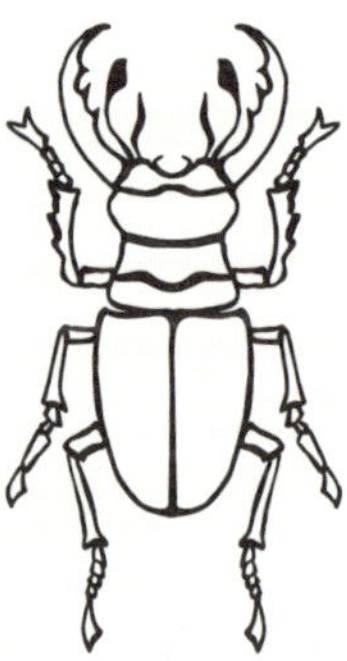

SO IST DER KÖRPER EINER WESPE AUFGEBAUT

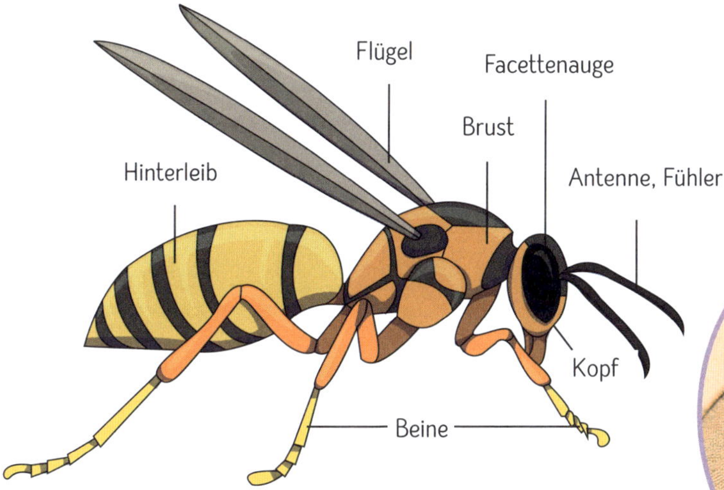

↑ Flügel einer Biene unterm Mikroskop

PRÄPARATE VON KLEINTIEREN

Zum Mikroskopieren ist der Körper eines Kleintieres zu groß. Dazu benötigst du einzelne Körperteile wie Flügel, Kopf oder Beine. Damit du diese Teile gut abtrennen kannst, weichst du die toten Kleintiere zunächst für ein paar Tage in etwas Wasser mit einem Spritzer Spülmittel ein. Dann steckst du das eingeweichte Kleintier mit einer oder zwei Stecknadeln auf einen Radiergummi. Nun kannst du einzelne Körperteile mit Skalpell, Rasierklinge oder einer kleinen Schere entfernen. Lege sie mithilfe einer Pinzette in einen Tropfen Wasser auf den Objektträger und decke sie mit Deckglaschen ab.

TIPP

Hab immer ein oder zwei kleine Döschen oder kleine Gläser und eine Pinzette dabei, wenn du draußen unterwegs bist: So kannst du leicht jedes tote Kleintier, das du findest, zum Mikroskopieren mitnehmen.

FLÜGEL

Unter den Kleintieren tragen nur Insekten Flügel, während Asseln, Milben, Spinnen, Hundert- und Tausendfüßer flügellos sind. Insekten haben zwei Paar Flügel, die am mittleren Brustteil ansitzen – ein Paar Vorderflügel und ein Paar Hinterflügel. Diese kannst du deutlich bei Libellen und Schmetterlingen erkennen. Bei anderen Insektengruppen sind sie sehr unterschiedlich ausgebildet:

- Käfer und Wanzen: Ihre Vorderflügel sind harte Deckflügel, die die dünnen Hinterflügel schützen.
- Bienen, Hummeln und Wespen: Ihre Vorder- und Hinterflügel sind miteinander verhakt, sodass sie wie ein einziger Flügel aussehen.
- Fliegen und Mücken: Sie besitzen nur ein Paar Flügel, das zweite ist zu kleinen Schwingkölbchen umgebildet. Darum heißt diese Insektengruppe auch Diptera, auf Deutsch Zweiflügler.

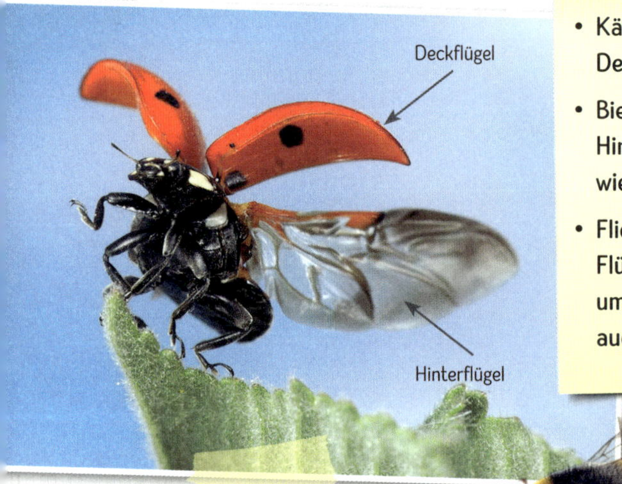

↑ Marienkäfer

↑ Hummel

↑ Fliege

DURCHSICHTIGE FLÜGEL

Die meisten flügeltragenden Insekten wie Fliegen, Mücken, Bienen, Wespen und Hummeln, Libellen, Käfer und Wanzen, Flor- und Eintagsfliegen besitzen durchsichtige Flügel. Diese kannst du recht einfach unterm Mikroskop erkunden.

Mit einer Rasierklinge, Skalpell oder kleinen Schere löst du die Flügel vom Körper des toten Insekts und gibst sie mit einer Pinzette in einen Wassertropfen auf den Objektträger. Um an die dünnhäutigen Flügel der Käfer und Wanzen zu gelangen, musst du zuerst die harten Deckflügel entfernen. Unterm Mikroskop erkennst du die feinen Adern, bei manchen Arten zeigen die Flügel auch dunkle Flecken oder sind mit winzigen Haaren oder Borsten bedeckt. Vergleiche die Flügel verschiedener Insekten und zeichne sie.

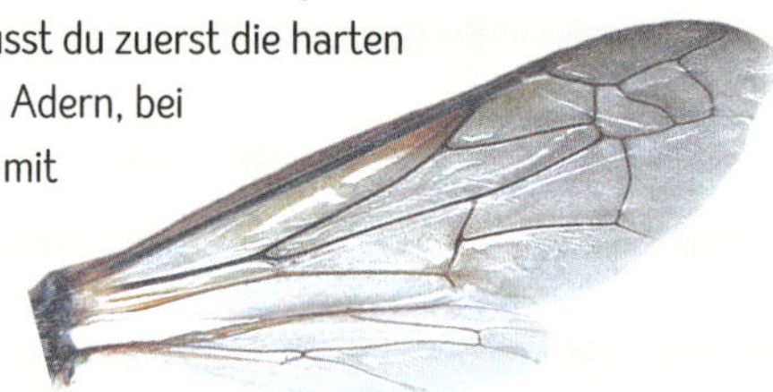
↑ Flügel einer Wespe

FORSCHUNGS-TIPP

Findest du einen toten Ohrwurm, schau dir seine Flügel an. Die Vorderflügel sind kleine harte Schuppen auf dem Rücken der Tiere. Darunter befinden sich die stark zusammengefalteten dünnen Hinterflügel, die du ganz vorsichtig mithilfe einer Pinzette entfalten kannst. Ohrwürmer können fliegen, aber die meisten machen es nicht.

SCHMETTERLINGSFLÜGEL

Die beiden Flügelpaare der Schmetterlinge sind mit bunten Schuppen besetzt, bei manchen Schmetterlingen schillern sie im Licht, bei anderen duften sie sogar. Schaust du dir ihre Flügel mit Lupe oder Hand-Mikroskop an, siehst du die vielen feinen Schuppen, die wie Dachziegel übereinanderliegen. Entferne vorsichtig ein paar dieser Schuppen und erkunde sie in einem Wassertropfen auf dem Objektträger (Deckgläschen nicht vergessen) unterm Mikroskop.

↑ Tagpfauenauge

BEINE

Am Brustteil sitzen die Beinpaare an, mit denen sich die Kleintiere fortbewegen. Bei Tierarten an Land sind es Laufbeine. Bei den im Wasser lebenden Arten, wie etwa den Schwimmkäfern, dienen sie gleichzeitig dem Schwimmen. Je nach Aufgabe sind die Beine sehr unterschiedlich gestaltet.

An der Anzahl der Beine kannst du ganz leicht verschiedene Kleintiergruppen voneinander unterscheiden, dazu musst du nur die Beine zählen.

- Insekten: 6 Beine
- Spinnen, Milben, Zecken: 8 Beine
- Asseln: 14 Beine
- Hundertfüßer, pro Körperring 1 Beinpaar: Steinläufer 30 Beine, Erdläufer bis zu 114 Beine
- Tausendfüßer, pro Körperring 2 Beinpaare: Schnurfüßer bis zu 280 Beine

↑ So sieht das Bein eines Insekts aus.

LAUFBEIN

Bei vielen Kleintieren sind die Laufbeine ähnlich gestaltet. Sie bestehen aus fünf verschiedenen Gliedern. Schau sie dir an und versuche, die einzelnen Teile des Beines zu erkennen. Der Fuß besteht meist aus fünf Fußgliedern und einem Endstück (Prätarsus). Mit diesem Endstück läuft das Insekt auf dem Untergrund. Daran trägt es meist Krallen und Haftballen, um auch auf glatten Unterlagen laufen zu können.

Wenn du einzelne Beine mit Rasierklinge, Skalpell oder kleiner Nagelschere vom Körper eines toten Kleintieres entfernst, kannst du sie in einem Tropfen Wasser unterm Mikroskop betrachten. Weil Beine meist nicht durchsichtig sind, studiere sie mit Auflicht (Beleuchtung von oben) oder lege sie für ein paar Tage in Glyzerin ein. Strukturen an den Rändern der Beine erkennst du leichter: Achte auf die Krallen und klebrigen Haftballen am Endstück sowie auf weitere Strukturen:

Lange Borsten an den Hinterbeinen von Honigbiene und Hummel bilden das Pollensäckchen.

Lange Borsten an den Libellenbeinen dienen dem Fangen von Beute im Flug.

Kleine Schlitze an den Knien der Vorderbeine von Heuschrecken sind „Ohren“, denn sie hören damit.

Lange Schwimmhaare an den Hinterbeinen der Schwimmkäfer (Gelbrandkäfer) und Schwimmwanzen (Rückenschwimmer).

FORSCHUNGS-TIPP

Beim Erkunden der Beine von Kleintieren können dir welche auffallen, die besonders ungewöhnlich aussehen: Dazu gehören die kräftigen, langen Sprungbeine der Heuschrecken oder die sehr kurzen Vorderbeine der Schmetterlinge Tagpfauenauge und Kleiner Fuchs, die zu Putzbeinen umgebaut sind.

KÖPFE

Die Köpfe der Kleintiere sehen sehr verschieden aus: Sie tragen wichtige Sinnesorgane wie Augen und Fühler und dienen zugleich der Nahrungsaufnahme mit Mundwerkzeugen. Besonders groß und auffällig sind alle Kopfteile entwickelt, die ein Insekt, Spinne oder anderes Kleintier vor allem benötigt: Bei den jagenden Libellen sind dies die Augen, die fast den ganzen Kopf einnehmen, bei vielen nachtaktiven Nachtfaltern hingegen die geruchsempfindlichen Fühler. Wenn du die Köpfe studierst, erfährst du viel über die Lebensweise eines Tieres.

↑ Kopf eines Nachtfalters

KÖPFE PRÄPARIEREN

Mit einer Rasierklinge, einem Skalpell oder einer Nagelschere kannst du den Kopf eines toten Kleintieres abtrennen. Damit die Köpfe der Kleintiere etwas durchsichtiger werden, kannst du sie ein paar Tage lang in Glyzerin einlegen. Zum Mikroskopieren lege die Köpfe einzeln in einen Tropfen Wasser auf den Objektträger und decke sie mit einem Deckgläschen ab. Schau sie dir mit der geringsten Vergrößerung im Auflicht (Licht von oben) und nicht im Durchlicht an.

AUGEN

Kleintiere besitzen verschiedene Augen: Kleine Punktaugen (Ocellen) sitzen bei fast allen Kleintieren auf dem Kopf, während zusammengesetzte Facettenaugen nur bei Insekten vorkommen. Je größer die Augen sind, umso wichtiger ist das Sehen für die jeweilige Art.

Kopf einer Heuschrecke

Punktaugen

Die meisten Insekten besitzen 3 Punktaugen (Ocellen), mit denen sie Hell und Dunkel voneinander unterscheiden können. Die Punktaugen sind kleine schwarze, glänzende Punkte, die zwischen den großen Facettenaugen auf Stirn und Vorderkopf sitzen. Suche auf den Köpfen verschiedener Kleintiere gezielt nach den Ocellen, zähle sie und zeichne die Lage dieser Punktaugen auf den Köpfen.

Kopf einer Fliege

Facettenaugen

Insekten haben noch ein weiteres Paar besonderer Augen, die Facettenaugen. Bei Heuschrecken und vielen Käfern sind sie halbkugelig, bei Libellen, Bremsen und Fliegen nehmen sie große Partien des Kopfes ein. Jedes Facettenauge setzt sich aus vielen sechseckigen Feldern zusammen – jedes dieser Felder stellt ein Einzelauge dar. Facettenaugen können nicht nur Hell und Dunkel, sondern auch Farben und Bewegungen erkennen. Über Nervenbahnen wird das Bild eines jeden Einzelauges an das Gehirn weitergeleitet und dort – wie bei unseren beiden Augen – zu einem Gesamtbild zusammengesetzt.

Facettenaugen einer Biene

FÜHLER

Am Kopf sitzen auch die beiden Fühler, mit denen die Kleintiere vor allem riechen können. Fühler werden auch Antennen genannt. Bei manchen Insekten, wie etwa bei den Fliegen, sind die Fühler ziemlich klein und kurz, bei anderen sind sie lang und dünn wie bei den Schaben, kurz und dick oder keulenförmig oder auch groß und stark verzweigt wie etwa bei den männlichen Nachtfaltern. Maikäfer und seine Verwandten können ihre Fühler fächerartig entfalten, um noch besser riechen zu können.

↓ Maikäfer

↑ Nachtfalter

↑ Hautflügler

↑ Wespe

↑ Ameise

Um die Fühler besser unterm Mikroskop studieren zu können, kannst du sie mit einem scharfen Schnitt vom Kopf eines toten Insekts abtrennen.

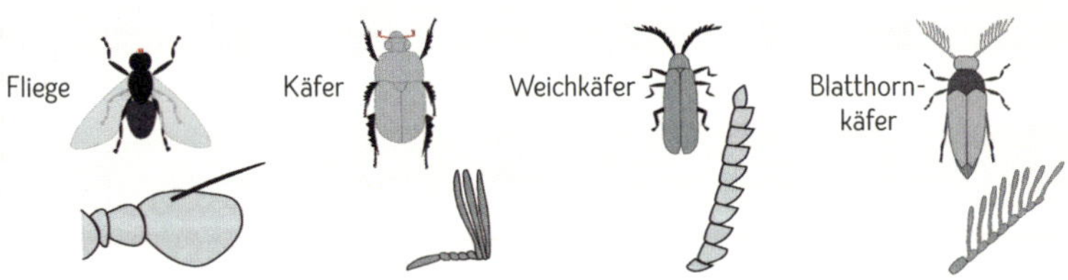

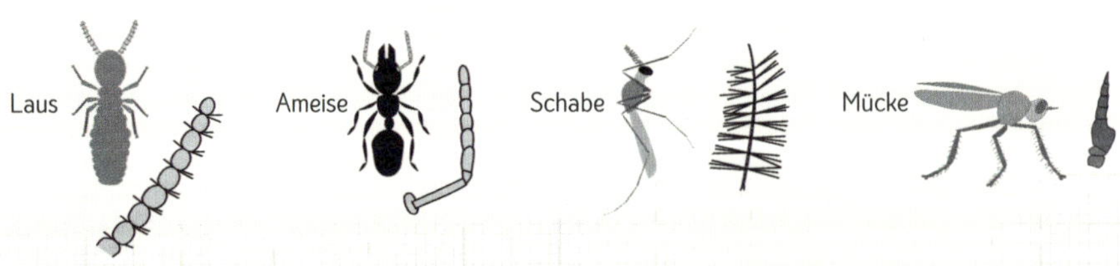

MUNDWERKZEUGE

Mit den Mundwerkzeugen nehmen Insekten ihre Nahrung auf. Je nachdem, wovon sie sich ernähren, sind die Mundwerkzeuge sehr unterschiedlich gebaut. Mit Lupe, Hand-Mikroskop und stark vergrößert unter dem Mikroskop kannst du diese wichtigen Körperteile genau erkunden. Beobachte auch lebende Tiere, wie sie sich mithilfe ihrer ganz speziellen Mundwerkzeuge die Nahrung einverleiben.

FORSCHUNGS-TIPP

Käfer oder Wanze werden gern miteinander verwechselt. Ein Blick auf die Mundwerkzeuge verrät dir sofort und eindeutig, um welche Insektengruppe es sich handelt: Alle Käfer besitzen kauend-beißende Mundwerkzeuge, während alle Wanzen einen starren rohrähnlichen Saugrüssel haben.

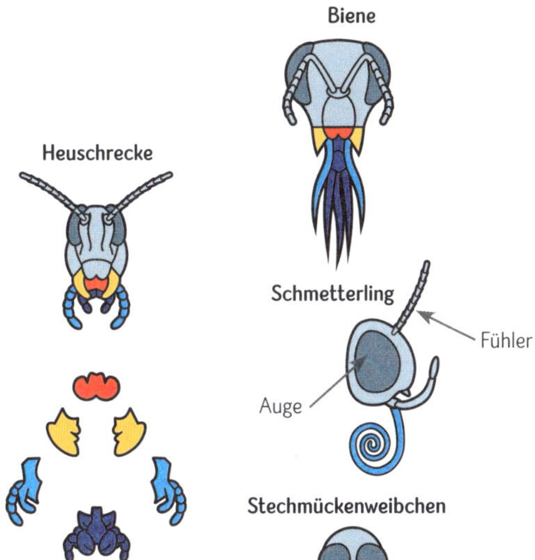

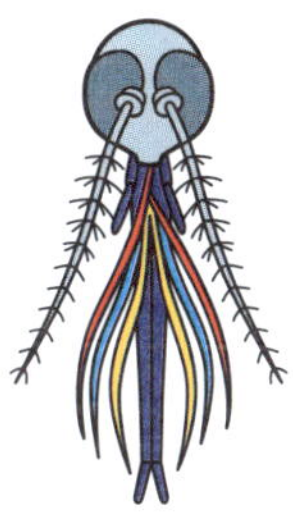

- Oberlippe (Labrum)
- Oberkiefer (Mandibel)
- Unterkiefer (Maxille)
- Unterlippe (Labium)

Kauend-beißende Mundwerkzeuge:

Heuschrecken, Käfer, Libellen, Ohrwürmer und andere Insekten beißen ihre Nahrung ab. Dazu benötigen sie scharfkantige Kiefer.

Saugende und stechende Mundwerkzeuge:

Um flüssige Nahrung wie Blütennektar, Pflanzensäfte oder Blut aufzunehmen, haben viele Insekten verschiedene Formen von saugenden Rüsseln entwickelt: Bei den Bienen ist es eine lang ausfahrbare Zunge, die in einem Löffelchen endet. Schmetterlinge rollen ihren überlangen Rüssel auf, wenn sie ihn nicht benötigen. Bei den Fliegen endet der Rüssel in einer breiten staubsaugerähnlichen Saugstruktur und bei den blutsaugenden Stechmücken ist er zu einem stechenden nadelähnlichen Rüssel ausgebildet.

EIER, LARVEN UND AUSGEWACHSENE INSEKTEN

Jedes Insekt durchläuft in seinem Leben eine bestimmte Entwicklung, die Metamorphose heißt: Aus dem winzigen Ei schlüpft die Larve. Sie frisst viel und wird immer größer. Da ihr harter Hautpanzer nicht mitwachsen kann, muss sie sich immer wieder häuten. Hat die Larve ihre endgültige Größe erreicht, häutet sie sich ein letztes Mal zum erwachsenen, also ausgewachsenen Insekt.

↑ Wanzeneier

↑ Heuschrecken-Larven

Bei Heuschrecken, Wanzen und Schaben kann man schon an der Larve das spätere Insekt erkennen. Schmetterlinge, Käfer, Fliegen, Mücken, Ameisen, Bienen und Wespen haben eine etwas kompliziertere Entwicklung. Ihre Larven sehen auch ganz anders aus als die erwachsenen Tiere und werden Raupen, Engerlinge oder Maden genannt. Bei diesen Insektengruppen häutet sich das letzte Larvenstadium nicht direkt zum erwachsenen Insekt, sondern legt als Puppe eine Ruhepause ein. In der Puppenhülle wird der Larvenkörper aufgelöst und zum Körper des erwachsenen Insekts umgebaut. Ist dieser fertig, schlüpft das Insekt. Es sieht völlig anders aus als die Larvenformen.

↑ „Mückenschiffchen“

LEBENSZYKLUS EINER STECHMÜCKE

Da die Stechmücke klein ist und überall vorkommt, ergibt sie ein wunderbares Objekt, an dem du den Lebenszyklus eines Insekts vom Ei über die Larve und Puppe zur Stechmücke beispielhaft beobachten kannst. Hier darfst du ausnahmsweise etwas Lebendiges nehmen, denn Stechmücken gibt es in riesigen Mengen, und die meisten ihrer Eier und Larven werden von Fischen und anderen Räubern gefressen. Verwende einen Pinsel, um die Eier und die zarten Tierkörper vom Sieb auf den Objektträger zu setzen.

← Stechmücke

EIER

Die winzigen länglichen Eier schwimmen miteinander zu einem Floß verklebt auf der Wasseroberfläche von Teichen oder Regentonnen. Mit einem feinen Sieb fischst du ein solches aus 200 – 300 Eiern bestehendes „Mückenschiffchen“ aus dem Wasser, schaust es dir mit Lupe oder Hand-Mikroskop an und trennst vorsichtig ein paar wenige Eier ab. Die Eier betrachtest du in einem Wassertropfen auf dem Objektträger unterm Mikroskop: Du erkennst in den Eiern die länglichen madenähnlichen Körper der Larven.

LARVEN

Die Stechmückenlarven hängen eine neben der anderen kopfunter an der Wasseroberfläche und ernähren sich von winzigen Schwebstoffen und Algen im Wasser. Mit dem langen Atemrohr am Körperende atmen sie Luft. Werden sie gestört, tauchen sie zuckend ab. Mit einem feinen Sieb holst du ein paar Larven aus dem Wasser und schaust sie dir, in etwas Wasser, unterm Mikroskop an. Sie sind durchsichtig, sodass du am Kopf die Augen und Fühler, das Atemrohr und im Körperinnern den gefüllten Darm erkennen kannst.

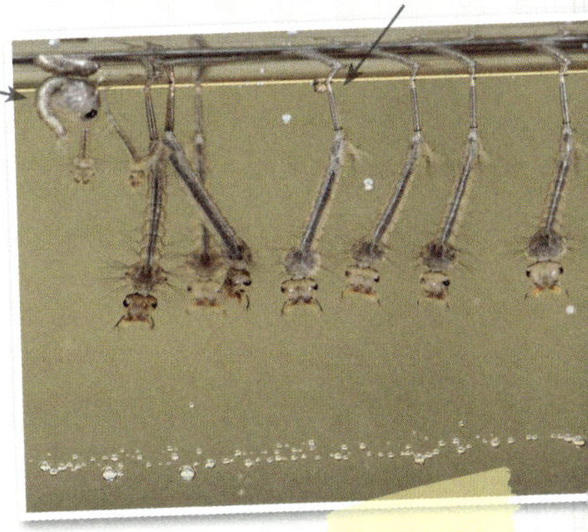

PUPPEN

Nach vier Häutungen verpuppt sich die Larve. Die Puppe hängt eingerollt an der Wasseroberfläche. Fische ebenfalls ein paar mit einem Sieb heraus und schaue sie dir unterm Mikroskop an: Gut erkennst du den großen Kopf mit den dunklen Augen und die dunklen Atemhörner an der Brust. Bewahre die Puppen in einem mit etwas Wasser gefüllten Marmeladenglas auf und beobachte, wie daraus nach recht kurzer Zeit die fertige Stechmücke schlüpft.

NOCH MEHR INSEKTENEIER

Schmetterlinge, Wanzen und viele andere Insekten legen gern ihre Eier auf die Unterseite von Blättern. Wenn du dort im Sommer fündig wirst, schau sie dir in einem Tropfen Wasser unterm Mikroskop an: Insekteneier gibt es in einer enormen Fülle an Formen, Strukturen und Farben – sie sind ein wahres Wunder der Natur.

↑ o.: Eier vom Schmetterling, u.: Marienkäfer

SPINNEN

Auch Spinnen sind spannende Objekte zum Mikroskopieren. Auf einen Blick kannst du einen Weberknecht von Echten Webspinnen unterscheiden: Der Körper der Weberknechte besteht nur aus einem Teil, während der der Spinnen in ein Vorderteil und Hinterleib gegliedert ist.

SPINNENKOPF ERFORSCHEN

Trenne von einer toten Spinne den Kopf ab. Schon mit dem Hand-Mikroskop erkennst du 8 dunkle Punkte auf dem Vorderteil – das sind die Punktaugen (siehe Seite 85). Je nach Art sind diese Punktaugen unterschiedlich groß und auf verschiedene Weise auf dem Kopf angeordnet: Kreuzspinnen besitzen zwei Reihen mit je 4 Augen, Springspinnen haben 2 große, nach vorne gerichtete Augen plus 6 kleine, und bei den Krabbenspinnen bilden die 8 Augen einen Kreis.

Am Kopf erkennst du auch die beiden kräftigen Giftklauen im Oberkiefer, mit denen die Spinne ihre Beute lähmt. Dazwischen liegt die winzige Mundöffnung, denn alle Spinnen saugen das flüssige Körperinnere ihrer Beute aus.

↑ Kreuzspinne

↑ Krabbenspinne

↑ Springspinne

↑ Hauswinkelspinne

SPINNENBEINE

Auch die Beine kannst du von einer toten Spinne abtrennen und in etwas Wasser unterm Mikroskop betrachten: Die steifen Haare stellen Hörhaare dar. Damit hören sie, indem sie Luftschwingungen, also Schallwellen, wahrnehmen. An den Endstücken der Füße sitzen Klauen, mit denen die Spinne problemlos auch über klebrige Fäden laufen kann und nicht hängen bleibt.

SPINNFADEN

Am Ende des Hinterleibs der Spinnen sitzen 6 kleine Spinnwarzen, in denen der Spinnfaden gewebt wird. Um den Spinnfaden unterm Mikroskop zu studieren, kannst du ihn mit einem Objektträger ganz vorsichtig von einem Spinnennetz aufwickeln. Nimm nur zerstörte oder alte, verlassene Spinnennetze. Suche nach einem leicht zugänglichen Faden, beispielsweise den, der zum Spinnennetz führt, halte den Objektträger daran und drehe ihn so, dass der Faden sich um den Objektträger wickelt. Dabei spürst du schon, wie reißfest und elastisch der superdünne Faden ist. Unterm Mikroskop erkennst du, dass es dünnere und dickere Fäden gibt sowie solche, die mit kleinen klebrigen Tröpfchen besetzt sind.

FORSCHUNGS-TIPP

Damit du alles genauer sehen kannst, legst du die toten Spinnenkörper zum Aufhellen in Glyzerin ein.

MIKROSKOPE – VIELFACH IM EINSATZ

Mit der Erfindung des ersten Mikroskops vor über 300 Jahren war es Menschen erstmals möglich, winzige Dinge zu sehen, die bis dahin dem menschlichen Auge verborgen geblieben waren. Soviel ist seitdem mit Mikroskopen erforscht worden, und sie sind in vielen Bereichen unverzichtbar geworden. Und immer noch gibt es in der Welt des mikroskopisch Kleinen viel Unbekanntes zu entdecken. Wer weiß, vielleicht wirst du auch einmal eine Forscherin oder ein Forscher oder arbeitest in einem Labor mit einem Mikroskop.

← ein altes Mikroskop aus dem 19. Jahrhundert

DAS ERSTE MIKROSKOP

Der holländische Tuchhändler Antoni van Leeuwenhoek baute als einer der ersten schon im 17. Jahrhundert ein Mikroskop. Es bestand nur aus einer Linse und vergrößerte Dinge um das 100-Fache, ähnlich einer guten Lupe. Zunächst prüfte er mithilfe des Mikroskops die gelieferten Tuchballen, später schaute er sich alles Mögliche unterm Mikroskop an: So entdeckte er die roten Blutkörperchen im Blut, Räder- und Glockentierchen im Wasser eines Sees, Einzeller im Körper von Tier und Mensch, Bakterien im Zahnbelag und vieles mehr. Mediziner begannen daraufhin, eine Verbindung zwischen dem Auftreten von bestimmten Mikroorganismen und Krankheiten zu ziehen.

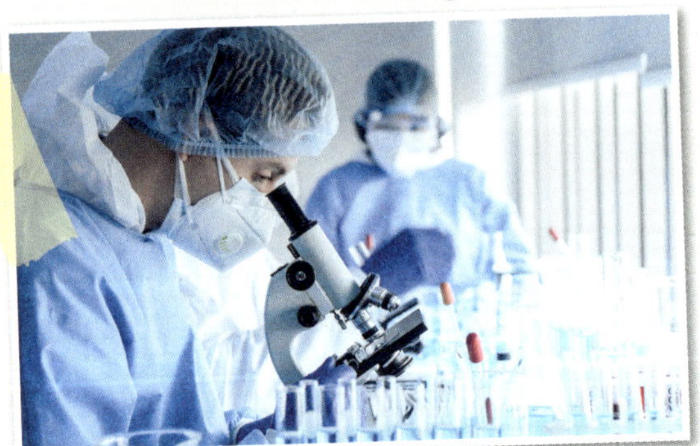

MIKROSKOPIE IN DER MEDIZIN

Heute gehören Mikroskope in jede Arztpraxis und jedes medizinische Labor. Unter dem Mikroskop kann man nicht nur Krankheitserreger in der Mundschleimhaut, im Blut oder Urin erkennen, sondern auch Bandwurmeier im Kot oder Krebszellen im Körpergewebe. Dadurch finden Ärztinnen und Ärzte die Ursache von Krankheiten bei Menschen und Tieren heraus und können sie durch den gezielten Einsatz von Medikamenten und Therapien lindern oder heilen.

MIKROSKOPIE IN DER ARZNEIMITTELFORSCHUNG

Neue Medikamente werden nicht mehr nur an Versuchstieren, sondern immer mehr auch an Zellkulturen getestet. Dabei werden bestimmte Zellen künstlich in einer Nährlösung gehalten und vermehrt. Unterm Mikroskop kann man dann anhand der Zellen erkennen, ob und wie die Medikamente wirken.

MIKROSKOPIE IN DER GERICHTSMEDIZIN

Immer wieder kommt es vor, dass die Todesursache eines Menschen unklar ist. Über mikroskopische Untersuchungen des Körpers finden Gerichtsmediziner und -medizinerinnen heraus, ob ein Mensch an einer Krankheit, durch Gift oder Gewalteinwirkung gestorben ist. Sie finden auch heraus, ob z. B. Prellungen vor oder nach dem Tod geschehen sind. So helfen sie herauszufinden, ob der Tod durch einen Unfall oder gar durch eine Gewalttat eingetreten ist.

MIKROSKOPIE AM TATORT

Bestimmte Spuren am Tatort werden unter dem Mikroskop untersucht: Kratzspuren auf Munitionspatronen und im Lauf von Schusswaffen, zurückgelassene Haare oder Kleidungsreste, Fingerabdrücke oder Farb- und Lackreste an Fahrzeugen. Sie ergeben Hinweise auf den Tathergang und auf mögliche Täter.

MIKROSKOPIE RUND UM LEBENSMITTEL

Mikroskopische Untersuchungen helfen bei der Kontrolle von Lebensmitteln: Anhand der enthaltenen Pollen lässt sich herausfinden, ob ein Honig so wie auf dem Etikett beschrieben tatsächlich aus Deutschland oder ob er in Wirklichkeit anderswoher stammt. Es werden auch Proben von Lebensmitteln in Geschäften und Restaurants untersucht, um darin enthaltene gesundheitsgefährdende Bakterien oder Schimmelpilze zu entdecken oder auch billige Fälschungen zu entlarven.

MIKROSKOPIE IM UMWELTSCHUTZ

Mithilfe des Mikroskops lässt sich herausfinden, ob das Wasser in Teich und See, Bach und Fluss sauber oder verschmutzt ist. Dazu wird in Gewässerproben geschaut, welche mikroskopisch kleinen Algen, Einzeller und Rädertierchen darin leben. Die Zusammensetzung dieser Lebewesen gibt Auskunft über den Verschmutzungsgrad des Wassers.

MIKROSKOPIE IN DER MATERIALFORSCHUNG

Mikroskopische Untersuchungen sind wichtig bei der Erforschung von Materialien wie Metallen oder Kunststoffen. Sie geben Hinweise auf die Stabilität der Materialien und wie sie sich bei Druck, Zug und ähnlichen Einflüssen verhalten. Auch bei Unfällen werden beteiligte Materialien wie etwa abgerissene Gurte, gebrochene Achsen oder zerborstene Gerüste unter dem Mikroskop untersucht. So lässt sich herausfinden, wodurch die beobachteten Schäden entstanden sind, ob sie den Unfall verursacht haben oder erst währenddessen entstanden sind.

GLOSSAR – SCHWIERIGE WÖRTER EINFACH ERKLÄRT

Biotit: Häufiges, dunkles magnesium- und eisenhaltiges Mineral, das in ganz dünnen Blättchen kristallisiert. Da es zur Gruppe der Glimmerminerale gehört, wird es auch Dunkelglimmer genannt. Es ist in Gesteinen wie Granit und Gneis enthalten.

Blattadern oder Blattnerven sind die meist netzartig verteilten Leitbündel der Laubblätter. Bei manchen Pflanzen wie etwa Spitzwegerich oder Tulpen verlaufen sie auch parallel in den Blättern. Sie treten wie Adern hervor. In den Blattadern verlaufen die Leitbündel, die du dir wie viele Wasserleitungen vorstellen musst: In manchen strömt das Wasser mit den Nährelementen von den Wurzeln ins Blatt, in anderen werden die gebildeten Zuckerverbindungen wie Traubenzucker aus dem Blatt in den Pflanzenkörper transportiert.

Blutkörperchen: Blutzellen im Blut vieler Tiere und des Menschen. Es gibt verschiedenen Blutkörperchen: Die roten Blutkörperchen transportieren Sauerstoff von den Lungen in den Körper, die verschiedenen weißen Blutkörperchen dienen der Abwehr von Krankheitserregern und eingedrungener Fremdkörper.

Chlorophyll: Wird auch Blattgrün genannt. Es ist ein natürlicher Farbstoff, der Blättern, Stängeln und anderen Pflanzenteilen die grüne Farbe verleiht. Er nimmt die Energie der Sonnenstrahlung für die -> Fotosynthese auf.

Chloroplasten: Winzige, chlorophyllhaltige grüne Organellen in den Zellen von Grünalgen und aller grünen Pflanzenteilen der Landpflanzen. Organelle sind wie kleine Bausteine innerhalb einer Zelle.

Doldenblütler: Eine Pflanzenfamilie, deren Mitglieder Dolden und Doppeldolden als Blütenstand besitzen. Dazu gehören beispielsweise Kümmel, Dill, Petersilie, Wilde Möhre und Riesen-Bärenklau. Werden auch Doldengewächse genannt.

Epidermis: Bildet als Abschlussgewebe die „Haut" von Blättern und Stängeln.

Feldspat: Kieselsäuresalzhaltiges Mineral, das zu den häufigsten Mineralien der Erdkruste gehört.

Fotosynthese: Ein chemischer Stoffwechselprozess in allen grünen Pflanzenteilen, bei denen Lichtenergie in chemische Energie umgewandelt wird: Dazu nimmt das -> Chlorophyll die Sonnenenergie auf, damit mithilfe dieser Energie Zuckerverbindungen (Traubenzucker) aus Wasser und -> Kohlenstoffdioxid hergestellt wird. Das Wasser wird von den Wurzeln aufgenommen und in den Leitbündeln (-> Blattadern) in die Blätter transportiert. Das Kohlenstoffdioxid wird auf der Blattunterseite durch die Spaltöffnungen (Stomata) aus der Luft aufgenommen.

Gallen, Pflanzengallen: Wucherungen an Blättern oder auch an Trieben, die durch die Eiablage bestimmter Insekten (Gallmücken, Gallwespen oder Gallmilben) in das betreffende Pflanzenorgan entsteht. In der Galle wächst die Larve geschützt heran.

Glycerin: Ein natürlicher Zuckeralkohol, der in allen natürlichen Fetten und Pflanzenölen enthalten ist. In tierischen und pflanzlichen Körpern wie etwa Samen dient er als Energiespeicher. In einigen Insekten, Fischen und anderen Tieren kommt er als natürliches Gefrierschutzmittel in den Körperflüssigkeiten vor. Glycerin ist als Feuchtigkeitsspeicher in Kosmetika enthalten, wird in Industrie und Technik als Frostschutzmittel und in der Medizin als Arzneistoff verwendet. Es gibt ihn in Apotheken zu kaufen. Glycerin nicht verwechseln mit …

Glyceringelatine: Flüssiges Eindeckmittel für wasserhaltige Präparate für die Mikroskopie, das aus Gelatine, Glycerin und Phenol besteht.

Holzmulmmasse: Aus Holzmehl, Sägespänen, kleinen Holzstücken und ähnlichem Material bestehende Masse.

Hornblende: Dunkles Mineral, das in vielen vulkanischen Gesteinen wie Basalt vorkommt.

Hüpferlinge: 0,5 – 1 mm lange Ruderfußkrebse, deren Körper aus zwei Teilen besteht – dem breiten Vorderteil mit Kopf und Brust sowie dem schmalen Hinterteil mit zwei langen Anhängen. Den Namen verdanken diese kleinen Krebstiere ihrer hüpfenden Fortbewegungsweise durch die ruckartige Bewegung der großen Antennen.

Kali-Alaun: Ein farbloses, wasserlösliches Salz, das durchsichtige, sehr große Kristalle bilden kann. Als Stift (Rasierstift, Blutstillstift) wird es auch verwendet, um den Blutfluss aus frischen Wunden etwa beim Rasieren zu stoppen.

Kohlenstoffdioxid: Auch Kohlendioxid genannt, eine chemische, gasförmige Verbindung (CO_2) aus Kohlenstoff und Sauerstoff, die in der Luft enthalten ist. Sie gilt als Klimagas, denn sie fördert den Treibhauseffekt. Kohlenstoffdioxid lässt sich leicht in Wasser lösen und bewirkt in Wasser, Limo und anderen Getränken das Sprudeln.

Korbblütler: Eine Pflanzenfamilie, deren Mitglieder Korbblüten besitzen. Diese Korbblüten sehen aus wie eine Einzelblüte, bestehen in Wirklichkeit aber aus unzähligen kleinen Einzelblüten. Dazu gehören Margerite, Gänseblümchen, Löwenzahn, Kornblume und viele andere Blumen.

Larve: Jugendform von Insekten und vielen anderen Tieren, die oft ganz anders aussehen als die erwachsenen Tiere. Die Larve schlüpft aus dem Ei und wird im Lauf ihrer Entwicklung immer größer. Bei manchen Insektengruppen wie den Heuschrecken, Wanzen und Schaben ähnelt sie dabei immer mehr dem erwachsenen Tier, bei anderen wie Schmetterlingen, Käfern, Bienen, Wespen, Hummeln, Ameisen, Fliegen und Mücken entwickelt sie sich nicht direkt zum erwachsenen Insekt, sondern legt ein besonderes Ruhestadium ein, die -> Puppe. Larven werden auch Raupen, Maden, Engerlinge oder – bei Fröschen – Kaulquappen genannt.

Metamorphose: Die Umwandlung von der -> Larve zum erwachsenen, geschlechtsreifen Tier bei Insekten und Amphibien (Frösche).

Mikrometer (µm): Sehr kleine Längeneinheit, 1 Mikrometer (µm) ist ein Millionstel Meter: 1 Meter (m) besteht aus 1.000 Millimetern, 1 Millimeter (mm) besteht aus 1.000 Mikrometern.

Ocellen, Einzahl Ocellus: Punktförmige Nebenaugen auf Kopf oder Haut von Insekten, Spinnen und vielen anderen wirbellosen Tieren, die nur hell und dunkel wahrnehmen können.

Okular, Objektiv: Das Okular ist ein optisches vergrößerndes Linsensystem, das im Mikroskop, aber auch im Fernglas, Fernrohr und Teleskop dem Auge zugewendet ist. Das dem Objekt zugewendete vergrößernde Linsensystem heißt Objektiv.

Plankton: So heißen alle Organismen, die im Wasser schweben und sich dabei von der Strömung treiben lassen. Zum Plankton gehören pflanzliche und tierische Einzeller wie Algen und Wimpertierchen, aber auch Eier sowie Larven von Fischen, Muscheln, Krebs- und anderen Tieren, Würmer und Krebstiere (Krill).

Präparat: In der Mikroskopie ein auf einem Objektträger liegendes, aufbereitetes Beobachtungsobjekt.

Puppe: Entwicklungsform zwischen -> Larve und erwachsenem Tier, die in der vollständigen -> Metamorphose von Schmetterlingen, Zweiflüglern (Fliegen, Mücken), Käfern und Hautflüglern (Bienen, Hummeln, Wespen, Ameisen) vorkommt. Nach Erreichen der endgültigen Körpergröße wandelt sich die Larve zur Puppe: Dazu hüllt sie sich in eine harte Hülle und ruht für einige Tage bis zu mehreren Jahren. Während dieser Ruhezeit löst sich unter der harten Puppenhülle der komplette Larvenkörper auf und wird zum erwachsenen Insektenkörper neu zusammengebaut. Am Ende der Puppenruhe schlüpft das erwachsene Insekt.

Rasterpunkt: Einzelpunkt in einem Raster aus Punkten, zum Beispiel als Vorlage zum Drucken von Bildern, Büchern und Magazinen.

Sporen: Von Pilzen, Algen, Farnen und Moosen gebildete Einheiten zur Vermehrung und Verbreitung.

Zellkern: Rundliches Organell (-> Chloroplasten) in Zellen, dass das Erbgut enthält. Wird auch Nukleus genannt.

Zellwand: Aus Zellulose (Zellstoff) und ähnlichen Materialien bestehende Hülle der Zellen von Pflanzen und Pilzen. Sie schützt und stabilisiert den skelett- und panzerlosen Körper von Pflanzen und Pilzen.

Zuckerverbindungen: Produkt der -> Fotosynthese in grünen Pflanzenteilen. Dabei entsteht vor allem Traubenzucker (Glucose).

Dieses Buch hat dir gefallen?
Dann lies doch hier weiter:

ISBN 978-3-96455-309-6

ISBN 978-3-96455-362-1

ISBN 978-3-96455-258-7

ISBN 978-3-96455-308-9

4. Auflage 2026

moses. Verlag GmbH
Arnoldstraße 13d
47906 Kempen
Fon 0 21 52 - 20 98 50
Fax 0 21 52 - 20 98 60

Mail info@moses-verlag.de
www.moses-verlag.de

ISBN 978-3-96455-311-9

Text: Bärbel Oftring

Lektorat: Almuth Sieben

Illustrationen: Burkhard Schulz

Fotos: Shutterstock ©: Anutr Yossundara (S. 4 m.l.), Butus (S. 4 u.), Choksawatdikorn (S. 6 o.m., S. 34 u.r., S. 44 o.; S. 45 o., S. 49 o.r.), Thirteen (S. 7 Stecknadelkopf); Milos Luzanin (S. 7 ganze Stecknadel), borzywoj (S.12 u.), OHishiapply (S. 16 m.l.), Soho A Studio (S. 18 o.), maradon 333 (S. 18, m.r.o.), viennetta (S. 18 m.r.u.), Elena Schweitzer (S. 18 u.l.), Cozine (S. 18 u.m.), Karen Sanders Studio (S. 19 o.r.), AmyLv (S. 19 m.l.), StudioPhotoDFlorez (S. 19u.), Peter Hermes Furian (S. 20 o.l., S. 34 m.l., S. 39 o.r., U4), Juan Enrique del Barrio (S. 20 m.l.), Zarya Maxim Alexandrovich (S. 20 u.r.), Rabanser (S. 21 o.), Manuel Mattes (S. 21 m.r.), ivan_kislitsin (S. 22 o.r.), MACP (S. 22 m.r.), inray27 (S. 22 u.l.), GalapagosPhoto (S. 22 u.m.), John Cumbow (S. 22 u.r.), Per-Oskar Joenpelto (S. 23 m.l.), Burgua (S. 24 o.), Tomasz Klejdysz (S. 24 m.r.), Sachiczko (S. 24 u.l.), Scisetti Alfio (S. 25 o.r.), J_Chaikom (S. 25 m.r), Sinelev (S. 26 o.l.), Ja Crispy (S. 26 u.), Keith 316 (S. 27 u.l.), Elena Fomichewa (S. 28 o.), Boris Franz (S. 28 m.r.), Arctic ice (S. 28 u.l.), Yes058 Montree Nanta (S. 28 u.r.), Kateryna Omelianchenko (S. 29 m.r.), eduard isaev (S. 30 o.l.), Cardiff_Wales (S. 30 o.r.), Nataly Studio (S. 30 u.r.), Kuttelvaserova Stuchelova (S. 30 u.l., S. 76 u.r.), Aleksandr Makarenko (S. 31 m.r.), Sergieiev (S. 32 m.l.), sebra (S. 32 u.m), NATA FUANG-KAEW (S. 32 u.r.), Kittyfly (S. 33 o.r.), Tewan Banditrukkanka (S. 33 m.r.), Videologia (S. 35 m.r.; S. 39 o.), A_Lesik (S. 37 o.r.), AlexReut (S. 37 o.r.u.), Iva Vagnerova (S. 39 u.l.), MR.BEE Photographer (S. 40 m.r.), Andrii Medvediuk (S. 42 o.l.), Rattiya Thongdumhyu (S. 42 m.l., S. 44 u.r., S. 72 m.l.), SrjT (S. 44 u.l.+ S. 47 o.l.), BlueRingMedia (S. 45 m.l.), Pink Leon (S. 46), Aldona Griskeviciene (S. 49 u.r.), Maor_Winetrob (S. 51 u.), Breaking The Walls (S. 52 o.), tkyszk (S. 52 u.l.), AFTERMOON (S. 53 o.), Anastasiia Skorobogatova (S. 53 m.r.), Andrii Velykyi (S. 54), luchschenF (S. 54 u.), Dew_gdragon (S. 55 o.r.), A. Kiro (S. 55 m.l.), Dewin ID (S. 56 o.l.), theapflueger (S. 56 m.l.), Alex Grigo (S. 56 u.r.), Arkadiusz Wos (S. 57 o.m.), Norjipin Saidi (S. 57 u.l.), Subbotina Anna (S. 58 o.), StockJen (S. 58 o.l.), WR7 (S. 59 o.r.), pukach (S. 59 m.r.), Vlad Sokolovsky (S. 59 u.l.), Nella (S. 60 o.l.), Scorpp (S. 60 m.r.), Texturis (S. 60 u.m.), Kazakova Maryia (S. 61 o.), Irina Boldina (S. 61 m.l.), azur13 (S. 62 o.l.), Thasneem (S. 63 o.r.), The Gallery (S. 63 m.l.o.), AjayTvm (S. 63 m.l.u.), solarseven (S. 64 o.), Heike Rau (S. 64 u.r.), AngieYeoh (S. 65 m.l.), SizeSquares (S. 65 m.r.), Lotus Images (S. 65 u.l.), Viktor1 (S. 66 o.l.), Valentyn Volkov (S. 66 m.l.o.), nnattalli (S. 66 m.l.u.), zan2 (S. 66 u.r. Marmelade), Tim UR (S. 66 u.r. Erdbeeren), mahirart (S. 67 m.l.), Pixel-Shot (S. 67 u.l.), D. Kucharski K. Kucharska (S. 67 m.r. und S. 68 m.r.), Robert Andrei Vagner (S. 68 o.), Digital Photo (S. 68 u.l.), captureandcompose (S. 69 o.r.), optimarc (S. 69 u.l.), Ivan Marjanovic (S. 70 o.l.), D_M (S. 70 m.r.), Riccio da favola (S. 70 u.l.), kukurund (S. 70 u.r.), godi photo (S. 71 o.), Mindhive (S. 71 m.r.), ULD media (S. 72m.), Myotis (S. 72 u.l.), Julia_Lelija (S. 72 u.r.), Alexey Wraith (S. 73 o.), Cornel Constantin (S. 74 u.l. + 81 o.), photowind (S. 75 o.r.), khlungcenter (S. 75 u., S. 84 o.), sairentoreo (S. 76 o.), MW47 (S. 77 m.r.), Smit (S. 77 u.l.), jo.pix (S. 78 o.l.), Robert Lessmann (S. 78 m.r.), Iraida Bearlala (S. 78 u.r.), Mari-Leaf (S. 79 o.), ileana_bt (S. 79 o.r.), InsectWorld (S. 80 m.l.), RVillalon (S. 80 m.m), irin-k (S. 80 m.r.), Anest (S. 81 u.l.), Marques (S. 82 o.l.), jocic (S. 83 o.l.), Rob Hainer (S. 83 o.m.), laksena (S. 83 o.r. und S. 85 o.r.), Cherdchai Chaivimol (S. 84 u.l.), skynetphoto (S. 85 m.r.), Alex_187 (S. 85 u.l), Sergey Chirkov (S. 86 o.r.), Pedro Luna (S. 86 m.o.l.), nafhan (S. 86 m.o.r.), MURGVI (S. 86 m.u.l), DWI YULIANTO (Cover Ameisenkopf makro, S. 86 m.u.r.), Sandeep-Bisht (S. 87 o.r.), Sascha Burkard (S. 87 m.r.), Sergey Sonvar Nik (S. 87 u.l.), jps (S. 88 o.r.), R.Devakumar Rajaretnam (S. 88 o.l.), Awei (S. 88 m.l.o.), thatmacroguy (S. 88 m.l.u.), SUCHARUT CHOUNYOO (S. 88 u.r.o.), UDSimage (Cover Wanzeneier auf Blatt, S. 88 u.r.u.), Ghiglione Claudio (S. 89 m.r.), Ewa-Saks (S. 89 u.l. Schmetterling), Jorge Abel Photography (S. 89 u.l. Marienkäfer), Member (S. 90 m.l.), Danny Radius (S. 90 m.r.), Mixrinho (S. 90 u.l.), David Dohnal (S. 90 u.r.), Dietmar Rauscher (S. 91 o.r.), Ian Fletcher (S. 91 m.r.), Milkovasa (S. 92, m.l.), Mongkolchon Akesin (S. 92 m.r.), felipe caparros (S. 93 m.l.), Budimir Jevtic (S. 93 m.r.) Adobe Stock ©: Ilietus (Cover Blatt), «MysticaLink» (Cover Chlorophyll), TatianaZorina (Cover, Zellstruktur), constantincornel (Cover, Schmetterlingsflügel), Paweł Michałowski (Cover, blaue Blattstruktur), Armin Staudt (S. 10 m.r.), luchschenF (S.10 u.l.), thawatchai91 (S. 12 m.r.); dona_luna (S. 14 o.), Katya (S. 14 u.r.), 1981 Rustic Studio (S. 15 o.r.), Gorodenkoff (S. 15 u.), Petr (S. 17 o.r), Николай Батаев (17 u.); Mariakray (S. 34/35), Thaut Images (S. 74/75), I. Lutterbüse © privat: S. 3 o.r., S. 5 o.r., S. 23 o.r., S. 31 o., S. 43 o.r., S. 76 m.r., Bärbel Oftring © privat: S. 26 m.l., S. 27 o.r., S. 29 m.l., S. 36 u.l., S. 43 u.l., S. 49 m.r. ,
Moses. Produktbilder ©: Cover Mikroskop, S. 5m.l., m.r., u.l., S. 6 o.l., u.l., u.m., S. 8 m., S.9 o.r., S. 11, S. 16/17, S. 38 u.l.
Burkhard Schulz - Illustrationen ©. S. 7, S. 9 u., S. 13, S. 37, S. 40/41, S. 48, S. 50, S. 58, Wikipedia, under a Creative Commons License 3.0: Mikropix (S. 47 m.r.), Imrahil22 (S. 47 u.r.), Roland Gromes (S. 56 u.r.), Xubor (S. 77 or.r.) (gemeinfrei), Siga (S. 80 u.r.) (gemeinfrei), Siga (S. 81 m.r., S. 82 m.) (gemeinfrei), Evanherk (S. 83 m.l.)
Fotos Umschlag: © stock.adobe.com: Emilio Ereza (Hintergrund Zellen), Sunisakanphian (Hintergrund Farbe abstrakt), © shutterstock.com: DWI Yulianto (Ameisenkopf), UDSimage (Wanzeneier auf Blatt), Arkadiusz Wos (Querschnitt Nadelblatt), Pink Leon (Illustrationen Einzeller)

Layout, Typographie und Satz: Melanie Dahmen

Redaktion: Ina Lutterbüse

Herstellung: Nicole Bienia

Printed in Poland.

MIX
Papier | Fördert gute Waldnutzung
FSC® C018236

Inhaltsseiten gedruckt auf MAESTRO® PRINT Papier Cradle to Cradle Certified® in der Stufe Bronze
Cradle to Cradle Certified® ist ein eingetragenes Markenzeichen des Cradle to Cradle Products Innovation Institute.

Druckprodukt mit finanziellem Klimabeitrag
ClimatePartner.com/14161-2001-1001